중소기업 창업

인사노무와

4대 보험

손원준 지음

- ☑ · 머리 아픈 수당계산 방법
- ☑ · 포괄임금제 임금 계산
- ☑ · 모든 일급 계산과 통상시급 계산
- ☑ · 연차휴가와 연차수당 퇴직 정산
- ☑ · 실무에서 가장 많이 접하는 4대 보험

실무자가
가장 짜증 나는
급여 계산과 4대 보험의 정석!

K.G.B
지식만들기

이론과 실무가 만나 새로운 지식을 창조하는 곳

책을 내면서

언제부터인가 경리와 노무는 그 경계선이 무너져 버렸다.

그래서 노무까지 해야 하는 경리실무자에게는 귀찮고 머리 아픈 분야다.

특히 급여를 잘못 계산하면 동료에게 미안하고 사장님 눈치를 봐야 하니 가장 짜증 나는 일이기도 하다.

반면 기장대리를 해주는 세무사사무실의 경우 허구한 날 급여계산을 해달라느니, 퇴직금 계산해 달라고 하니 세무사사무실인지? 노무사사무실인지? 구별이 안 된다.

그만큼 노무라는 분야가 우리 앞에 다가와 있지만 아직은 생소하고 어려운 분야인 것은 부인할 수 없는 현실이다.

이에 본서는 전문가가 아니더라도 회사 업무에서 필수적으로 발생하면서 실무자라면 이 정도는 알아야 업무에 지장 없을 수준의 지식을 담아서 만들어진 책이다.

또한 창업을 준비하거나 창업한 사장님들의 경우도 요즘은 노동부 진정 사건 때문에 머리 아픈 분들이 많은데, 이 정도는 알고 있어야 적절한 대응이 가능하다.

제1장 근로계약과 연봉계약에서는 사업주가 근로자 채용 시 가장 귀찮아하는 근로계약서의 작성과 교부를 채용 형태별로 구분해서 설명

한다. 음식점의 경우 알바에 대한 근로계약서, 일반회사의 경우 수습기간 3개월에 대한 근로계약서 작성 방법을 넣어두었다.

제2장 입사에서 퇴사까지 노무관리에서는 실무를 하면서 자주 접하는 노무 문제에 대한 해결 방법을 설명한다. 특히 초과근무수당, 주휴수당, 연차휴가일수 계산과 수당계산, 중도 입퇴사자에 대한 급여 일할계산뿐만 아니라 퇴직금과 퇴직연금 계산 방법까지 항상 우리 주위에서 접하는 가장 필요한 내용을 담고 있다.

제3장 4대 보험 실무에서는 ❶ 실무자가 가장 어려워하는 일용근로자 4대 보험 가입여부 판별과 각종 신고 방법을 설명한다. 또한 ❷ 입퇴사자에 대한 4대 보험 업무처리 및 출산휴가, 육아휴직시 4대 보험 업무처리를 설명해주고 있다. 이 밖에도 ❸ 급여에서 공제하는 4대 보험계산과 급여변동 시 신고방법 및 퇴직 정산과 연말정산 방법에 대해서도 담고 있다.

그리고 ❹ 근로자를 3.3% 사업소득자로 소득신고 후 적발시 대처와 ❺ 급여축소 신고에 따른 대처방법 및 ❻ 공단 지도점검에 대한 준비 방법까지 담고 있다.

끝으로 본서를 통해 창업하신 사장님 및 실무자가 좀더 노무와 4대 보험에 쉽게 다가갈 수 있고 기본적인 지식을 배울 수 있기를 바라는 바이다.

항상 사랑하는 아내와 예영, 예서와 본서 출간의 기쁨을 나누어 본다. 또한 실무적인 영감을 항상 나누는 네이버 카페 경리쉼터 회원 여러분들에게도 감사의 마음을 전한다.

손원준 올림

책을 순서

CONTENTS

제2장 입사에서 퇴사까지 노무관리

CONTENTS

<https://cafe.naver.com/aclove>

네이버 대표 인기 카페
경리회계 직장인들의 쉼터(약칭 : 경리쉼터) 검색 후 가입

대학이나 사설 교육기관에서 학생들에게 실무를 접할 수 있는 기회를 제공하고자 하는 교수님 및 강사님 카페를 방문해보시고 학생들에게 많은 추천 바랍니다.

회사와 관련된 모든 실무자료가 있습니다.

제1장

근로계약과 연봉계약

01
5인 이상 사업장에 적용되는 근로기준법

5인 이상 사업장과 5인 미만 사업장에 따라 근로기준법이 적용되는 것이 있고 적용 안 되는 것이 있는데, 근로기준법이 어떻게 다르게 적용되는지 살펴보면 다음과 같다.

 ## 상시근로자 수 계산 방법과 사례

상시 사용하는 근로자 수는 근로기준법시행령 제7조의2에 따라 법 적용 사유 발생일 전 1개월 동안 사용한 근로자의 연인원을 같은 기간 중의 가동일수로 나누어 계산한다.

여기서 '사유발생일'은 근로기준법 적용 사유가 발생한 날을, '연인원'은 기간 내에 사용한 근로자 수의 합을, '가동일수'는 그 사업장 내에서 사람이나 기계가 실제로 일을 한날이 며칠인가를 의미한다.

예를 들어 어떤 기업에서 한 달 동안 다음과 같이 근로자를 사용했다고 가정해 보자

일	월	화	수	목	금	토
		1	2	3	4	5
		휴무	4명	4명	4명	휴무
6	7	8	9	10	11	12
휴무	5명	5명	5명	5명	5명	휴무
13	14	15	16	17	18	19
휴무	6명	6명	6명	6명	6명	휴무
20	21	22	23	24	25	26
휴무	7명	7명	1명	7명	5명	휴무
27	28	29	30	31		
휴무	5명	5명	7명	1명	사유 발생일	

이 회사는 사유발생일 직전 1개월 중 사업장을 가동한 날이 총 22일이고, 매일 사용한 근로자 수를 합하면 112명이 된다. 따라서 이 사업장의 상시근로자 수는 112 ÷ 22 = 5.09명이고, 5명 이상이기 때문에 근로기준법을 준수해야 하는 사업장이 된다. 단, 상시근로자수가 5명 이상으로 산정되더라도 1개월간 5명 미만을 사용한 가동일수가 전체 가동일수의 1/2 이상이거나 5명 이상 가동일수가 1/2 미만이면 근로기준법 적용대상 사업장에서 제외된다.

앞에서 가동일수가 22일이고 연인원도 112명이어서 상시 근로자수가 5.09명이지만, 만일 5명 미만을 사용한 날이 12일로 전체 가동일수의 1/2 미만이 된다고 가정하면 근로기준법 적용 대상에서 제외한다.

≫ 기간제근로자, 단시간근로자, 외국인근로자

기간제근로자와 단시간 근로자도 당연히 상시근로자 수에 포함된다. 이때 단시간 근로자는 근무시간과 관계없이 인원수만 가지고 따진다. 예를 들어 상용근로자들은 통상 하루 8시간씩 일하는데, 단시간 근로자가 하루에 4시간만 일해서 0.5명이 아니라 1명으로 인정된다. 이밖에 임시직, 일용직, 아르바이트 등도 모두 상시근로자수에 포함되고, 외국인 근로자도 포함된다. 유의할 것은, 외국인근로자가 불법체류자라 할지라도 상시근로자 수에는 포함된다는 점이다.

≫ 파견근로자

파견근로자는 해당 사업 또는 사업장과 직접 고용계약을 맺은 것이 아니므로 상시근로자 수 산정 시 포함되지 않는다.

≫ 대표이사 및 동거하는 친족 근로자

근로기준법 제11조 제1항에서는 '동거하는 친족만을 사용하는 사업 또는 사업장'은 근로기준법의 적용대상이 아니라고 규정하고 있다. 그러나 이것은 오직 '동거친족만' 사용할 때, 즉 모든 근로자가 동거친족일 때 적용되는 규정이다.

따라서 사업장에 동거친족도 일하고 있고 동거친족이 아닌 근로자도 일하고 있다면, 상시근로자 수를 산정할 때는 동거친족도 포함된다. 그리고 대표이사는 상시근로자 수 계산에 포함되지 않는다.

5인 이상 사업장만 적용되는 근로기준법

구 분	5인 미만	5인 이상
〈근로기준법 제23조, 27조〉 해고의 제한, 해고의 서면통지 : 근로자에게 정당한 이유 없이 해고, 휴직, 정직, 감봉 그 밖의 징벌을 하지 못하며, 근로자를 해고하려면 해고 사유와 해고시기를 서면통지 해야 한다.	X (구두통지 가능)	O
〈근로기준법 제28조〉 부당해고 등의 구제신청 : 부당해고 등을 하면 근로자는 노동위원회에 부당해고 등이 있었던 날로부터 3개월 이내에 구제신청을 할 수 있다.	X	O
〈근로기준법 제46조〉 휴업수당 사업주의 귀책사유로 휴업을 하는 경우 사용자는 휴업기간동안 근로자에게 평균임금의 70% 이상의 수당을 지급해야 한다.	X	O
〈근로기준법 제56조〉 연장, 야간 및 휴일근로 연장근로와 야간근로 또는 휴일근로에 대하여 통상임금의 50%를 가산하여 지급해야 한다.	X	O
〈근로기준법 제60조〉 연차유급휴가 1년간 80% 이상 출근한 근로자에게 15일의 유급휴가를 주어야 한다.	X	O
〈근로기준법 제73조〉 생리휴가 사용자는 여성근로자가 청구 시 월 1일의 무급생리휴가를 주어야 한다.	X	O

5인 미만 사업장이라도 적용되는 근로기준법

다음의 규정은 5인 미만 사업장이라도 반드시 챙겨야 할 규정들이다.

〈근로기준법 제17조〉 근로조건의 명시
근로계약을 체결할 시 서면으로 근로계약서를 2부 작성하여, 1부는 근로자에게 발급해야 한다. (미 작성시 벌금 500만 원)

〈근로기준법 제36조〉 해고의 예고
근로자를 해고하려면 30일 전에 예고해야 하고, 30일 전에 예고하지 않았을 때는 30일분의 통상임금을 지급해야 한다.

〈근로기준법 제54조〉 휴게
근로시간이 4시간인 경우 30분, 8시간인 경우 1시간 이상의 휴게시간을 주어야 한다.

〈근로기준법 제55조〉 휴일
사용자는 1주일 동안 소정의 근로일 수를 개근한 노동자에게 1주일에 평균 1회 이상의 유급휴일을 주어야 한다고 명시하고 있다. 이를 주휴일이라 하며, 대부분 일요일을 주휴일로 한다.

〈근로기준법 제74조〉 퇴직금
1년 이상 근무하는 경우 30일분 이상의 평균임금을 퇴직금으로 지급해야 한다.

입사 시 받아야 할 서류

⊙ 이력서 : 직원 경력과 근무상태를 파악하여 업무 분담에 필요하다.

⊙ 근로계약서 : 근로조건과 급여를 결정해서 노동법규에 의한 근로계약서를 작성한다.

⊙ 서약서 : 회사의 취업규칙과 규정을 준수한다는 내용, 회사의 정보 및 기밀에 대한 사항을 보안 유지한다는 내용을 담은 서약서가 필요하다. 대부분 취업규칙의 내용에 포함되어 있다.

⊙ 인사기록카드 : 직원의 근태 사항, 상벌 및 진급 사항을 기록·보존한다. 사진 2매 (인사기록 카드 부착 / 최근 3개월 이내 촬영한 사진)

⊙ 주민등록등본 : 직원의 가족관계 등을 확인하고, 4대 보험에 가입할 때 필요하다. 건강보험 피부양자를 등재할 때 동거하지 않는 가족을 포함하려면 가족관계증명서를 추가로 받아야 한다. 형제자매를 등재하고자 하는 경우 혼인관계증명서를 첨부하여 미혼임을 증명해야 한다.

⊙ 거래은행 계좌번호(통장 사본) : 급여를 지불할 때 필요하다. 은
  행 계좌로 입금하면 급여대장에 직원이 날인하지 않아도 입금증
  으로 대신할 수 있다.
⊙ 원천징수영수증 1부(경력자 해당 - 연말정산 반영서류)
⊙ 최종학력 졸업/성적증명서 각 1부
⊙ 자격증 사본
⊙ 경력증명서
⊙ 채용 신체 검사서/건강진단서

03

근로계약서에 꼭 들어가야 할 내용

 근로계약서는 왜 써야 하나?

근로계약서는 임금, 근로시간 등 핵심 근로조건을 명확히 정하는 것으로, 근로자와 사업주 모두의 권리 보호를 위해 반드시 필요하다.

근로계약서를 쓰지 않으면?

사용자가 근로계약을 서면으로 체결하고 이를 발급하지 않으면 500만 원 이하 벌금이 부과되며, 만약 기간제·단시간 근로자인 경우는 500만 원 이하의 과태료 처분을 받을 수 있다.

근무내용, 근무일, 징계해고나 임금체불 등의 사유로 사업주와 직원 간에 다툼이 발생할 경우, 근로계약서가 없다면 근로자뿐 아니라 회사 또한 주장을 입증하지 못해 각종 불이익을 입을 수 있다. 이를 방지하는 차원에서도 근로계약서를 작성하여 발급하는 것이 필요하다.

표준근로계약서(기간의 정함이 없는 경우)

_____박사장_____ (이하 "사업주"라 함)과(와) _____김노동_____ (이하 "근로자"라 함)은 다음
과 같이 근로계약을 체결한다.

1. 근로개시일 : 2021 년 8 월 11 일부터

2. 근 무 장 소 : 잘판다마트 안국점 ·············

3. 업무의 내용 : 판매 및 계산, 매장관리 ·············

4. 소정근로시간 : 9 시 00 분부터 18 시 00 분까지 (휴게시간 :12시00분~13시00 분)

5. 근무일/휴일 : 매주 5 일(또는 매일단위)근무, 주휴일 매주 일요일

6. 임 금
  - 월(일, 시)급 : _____9,000_____ 원
  - 상여금 : 있음 ( ) _____ 원. 없음 (✓)
  - 기타급여(제수당 등) : 있음 (✓), 없음 ( )
    · 식대 : 100,000 원 _____ 원
    · _____ 원 _____ 원
  - 임금지급일 : 매월(매주 또는 매일) 5 일(휴일의 경우는 전일 지급)
  - 지급방법 : 근로자에게 직접지급( ), 근로자 명의 예금통장에 입금(✓)

7. 연차유급휴가
  - 연차유급휴가는 근로기준법에서 정하는 바에 따라 부여함

8. 사회보험 적용여부(해당란에 체크) ············· [23. 사업장 4대보험 신고대상 및
  ☑ 고용보험   ☑ 산재보험   ☑ 국민연금   ☑ 건강보험 적용제외]참고

9. 근로계약서 교부
  - 사업주는 근로계약을 체결함과 동시에 본 계약서를 사본하여 근로자의 교부
    요구와 관계없이 근로자에게 교부함(근로기준법 제17조 이행)

10. 근로계약, 취업규칙 등의 성실한 이행의무
  - 사업주와 근로자는 각자가 근로계약, 취업규칙, 단체협약을 지키고 성실하게
    이행하여야 함

11. 기 타
  - 이 계약에 정함이 없는 사항은 근로기준법령에 의함

2021 년 8 월 1 일

(사업주) 사업체명 : 잘판다마트 안국점   (전화 : 02-6925-XXXX   )
        주   소 : 서울시 종로구 경운동
        대 표 자 : 박사장   (서명)   ············· 양 당사자의 서명, 날인은
                                               필수입니다.
(근로자) 주   소 : 서울시 영등포 ○○동 xx - xxx
        연 락 처 : 010-1234-5678
        성   명 : 김노동   (서명)

양식을 받을 수 있는 곳

〈https://cafe.naver.com/aclove/304262〉

근로계약서는 어떻게 써야 하나?

근로계약서에는 임금, 근로시간, 휴일, 연차, 유급휴가 등의 내용을 명시해야 하며, 고용노동부에서 배포하는 표준근로계약서를 참고하면 더욱 쉽게 쓸 수 있다(앞 페이지 참고).

》 꼭 기록해야 하는 사항

근로계약서에는 임금, 근로시간, 주휴일, 연차휴가에 관한 사항이 반드시 포함되어야 하며, 구체적으로는 다음과 같다.

임금

임금은 단순히 총급여뿐만 아니라

① 임금이 어떻게 구성되는지(예를 들어 기본급, 수당, 식대 등 항목과 금액을 확정했는지)

② 언제부터 언제까지 일한 임금을 지급하는 것인지(매월 0일부터 매월 00일까지)

③ 어떤 주기로 어떤 날 입금을 하는지(다음 달 00일에 근로자 은행 계좌로 지급) 모두 기재해야 한다.

근로시간

출근시간과 퇴근시간을 모두 기재해야 하며, 직원에게는 4시간마다 30분 이상의 휴게시간을 부여해야 하므로 휴게시간도 기재하는 것이 바람직하다. 하루 8시간을 일하는 직원이라면 언제부터 언제까지 1시간의 점심시간을 준다고 기재하면 된다.

주휴일

주휴일이란 일주일에 하루씩 부여하는 유급휴일로서 근로계약서에는 언제가 주휴일인지를 명시해야 한다. 일반적으로 월요일부터 금요일까지 근무를 하는 경우가 많으므로 "주휴일은 일요일로 한다."와 같이 기재하면 되며, 다른 형태로 근무일을 운영하는 경우는 사정에 맞게 주휴일을 정하면 된다.

연차휴가

연차휴가란 매년 직원에게 유급으로 부여해야 하는 15일의 휴가를 말하며, 입사 3년 차부터 2년마다 하루가 증가하여 총 25일까지 휴가가 늘어나게 된다. 연차휴가는 근로기준법 제60조에 자세히 규정되어 있으므로, 이 조항을 기준으로 계약서를 작성하면 된다. 다만, 연차휴가는 5명 이상의 근로자를 사용하고 있는 회사에 적용되는 기준이므로 직원이 5명 미만인 기업은 연차휴가를 부여하지 않을 수 있다.

≫ 작성해 두면 좋은 사항

작성 의무가 있는 것은 아니지만 근로관계에 큰 영향을 미치는 사항들과 주의할 점은 다음과 같다.

근로기간

계약기간이 있는 직원을 고용할 때는 근로계약서에 정확한 근로기간을 명시하는 것이 필요하다. 최초 계약할 때 계약기간은 1년을 초과할 수 없으며, 총 2년까지 연장할 수 있다. 만약 계약직 직원의 연속된 근로기간이 2년을 초과한다면 '기간제 및 단시간 근로자 보호 등에 관한 법률'에 따라 정규직 직원으로 전환해야 하므로 계약기간을 연장할 때는 이 점을 고려할 필요가 있다.

근무지와 직무내용

근무지와 직무내용은 근로계약서에 꼭 넣어야 하는 사항은 아니지만, 계약 체결 시 구두로라도 해당 내용을 정해두는 것이 좋다. 실무상 회사가 입사할 때 정한 업무와 직원이 실제 수행하는 업무가 확연히 다른 경우에 문제가 발생할 수 있으므로, 지나치게 좁은 범위로 근무지나 직무내용을 확정하는 것은 업무 유연성 차원에서 바람직하지 않다.

취업규칙에서 정한 사항

취업규칙이란 사업주가 '소속직원 모두에게 적용되는 사내규칙 또는 근로조건에 관하여 구체적으로 규정한 것'으로써, 취업규칙 외에도 '인사규정' 또는 '사규'라 불린다. 이런 취업규칙은 회사 운영의 원칙이 되는 기준이므로, 근로조건에 있어 중요한 부분이 있다면 계약서에 해당 내용을 포함하여 당사자 간에 확인할 필요가 있다.

근무일

① 특정한 날에만 근무하는 직원이나 ② 주5일제를 시행하는 회사나 ③ 일요일이 아닌 주중의 일정한 날이 주휴일인 회사 등의 경우에는 근로계약서에 '근무일은 월요일부터 금요일까지' 또는 '근무일 : 매주 수요일, 토요일' 등 근무일을 명확히 기재하는 것이 법적 다툼 방지에 도움이 된다.

04

아르바이트와 일용직을 채용할 때 주의사항

근로기준법에서 말하는 일용직과 아르바이트

일용직의 개념에 대해서 근로기준법에 따로 명시되어 있지 않지만, 개념 본질상 일용직은 하루 단위로 근로계약을 체결하여 당일 근로 관계가 시작되어 당일 근로관계가 종료되는 근로형태를 의미한다(세법상 일용직 개념과는 다름). 물론 실무상으로는 하루 단위가 아니더라도 비교적 단기간 사용하는 근로자를 일용직이라고 부르는 경우도 많다.

아르바이트의 개념 역시 근로기준법에 따로 명시되어 있지 않고, 일반적으로 단기간에 걸쳐 파트타임으로 근무하는 근로자를 '아르바이트'라고 부른다.

근로계약서 작성 및 서면 명시 의무사항

≫ 근로계약서 서면명시 사항

일용직이나 아르바이트도 반드시 근로계약서를 작성해야 하며, 근로계약서 작성 시 다음 사항들을 서면으로 명시하고, 근로계약서를 반드시 발급해 주어야 한다.

⊙ 근로시간 · 휴게에 관한 사항
⊙ 임금의 구성항목 · 계산방법 및 지불방법에 관한 사항
⊙ 휴일 · 휴가에 관한 사항
⊙ 취업의 장소와 종사해야 할 업무에 관한 사항
⊙ 근로계약기간에 관한 사항(기간제 근로자인 경우)
⊙ 근로일 및 근로일별 근로시간(단시간 근로자인 경우)

≫ 위반 시 과태료 부과

위 서면명시 사항을 명시하지 않거나 근로계약서를 작성하여 발급하지 않는 경우는 아래 기준에 따라 시정 기간 없이 즉시 과태료를 부과한다(14일 이내 시정 시 과태료 1/2 감액).

명시하지 않은 사항	위반 횟수		
	1차 위반	2차 위반	3차 위반
임금, 근로계약기간, 근로일 및 근로일별 근로시간	서면명시사항 1개당 50만원	서면명시사항 1개당 100만원	서면명시사항 1개당 200만원
근로시간 · 휴게, 휴일 · 휴가, 취업장소와 종사업무	서면명시사항 1개당 30만원	서면명시사항 1개당 60만원	서면명시사항 1개당 120만원

(기간제 및 단시간근로자 보호 등에 관한 법률 제17조, 동법 시행령 별표3, 근로감독관 집무 규정)

임금지급과 관련해서 체크할 사항

≫ 최저임금법 적용

일용직, 아르바이트에게도 최저임금법이 적용된다.

 Tip 근로자의 최저임금 계산방법

주당 소정근로시간이 40시간인 근로자가 1주 40시간(주 5일, 1일 8시간)을 근로하고 최저임금 산입범위에 포함되는 임금 기준으로 월 200만 원을 받은 경우 월 기준시간

[(주당 소정근로시간 40시간 + 유급 주휴 8시간) ÷ 7 × 365] ÷ 12월 ≒ 209시간

다른 계산 방법 : 48시간 × 4.345주 ≒ 209시간

시간당 임금 = 2,770,268원 ÷ 209시간 ≒ 13,250원

시간당 임금 13,250원은 2022년도 최저임금 9,160원보다 많으므로 최저임금법 위반이 아니다. 주당 소정근로시간이 40시간인 근로자의 월 환산 최저임금

= 9,160원 × 209시간 = 1,914,440원

한 달 기본급 총액만으로는 최저임금 위반 여부를 확인할 수 없다. 왜냐하면 기본급 이외에도 상여금, 복리후생비 등 최저임금 계산에 포함되는 항목이 있기 때문이다.

매월 지급되는 정기상여금과 현금성 복리후생비 중 최저임금 월 환산액의 각 10%, 2%를 넘는 금액은 최저임금 계산에 포함하게 된다.

급여항목		최저임금에 포함되는 임금액	
급여	200만 원	200만 원	2,000,000원
정기상여금	80만 원	1,914,440원 × 10% = 191,444원 800,000원 − 191,444원 = 608,556원	608,556원
현금성 복리후생비	20만 원	1,914,440원 × 2% = 38,288원 200,000원 − 38,288원 = 161,712원	161,712원
합 계			2,770,268원

연도	2019년	2020년	2021년	2022년	2023년	2024년~
정기상여금	25%	20%	15%	10%	5%	0%
현금성 복리후생비	7%	5%	3%	2%	1%	0%

≫ 법정수당과 퇴직금의 지급

상시근로자 5인 이상 사업장의 경우 연장·야간·휴일근로를 하는 경우는 그 시간에 대해서는 시급의 50%를 가산한 임금을 지급해야 한다(상시근로자 5인 미만 사업장 제외). 따라서 시급 9,160원인 근로자가 연장근로 1시간을 한다면 그 시간에 대해서는 9,160원의 150%인 13,740원을 지급해야 한다.

또한, 일용직이나 아르바이트라고 하더라도 1주 소정근로시간이 15시간 이상의 경우 1년 이상 계속 근로하고 퇴직하는 경우는 퇴직금을 지급해야 한다(1주 소정근로시간이 15시간 미만의 경우는 제외). 특히, 일용직의 경우 중간에 일부 공백 기간이 있더라도 계속 근로로 인정될 수 있음에 유의해야 한다.

≫ 정기지급의 원칙 등

시급, 일급, 주급, 월급 등은 자유롭게 정할 수 있으나, 임금지급 주기는 매월 1회 이상 일정한 날짜를 정하여 지급해야 하고, 퇴직일로부터 14일 이내에 모두 금품을 지급해야 한다.

근로시간 및 휴게

소정근로시간은 1일 8시간, 1주 40시간 이내로 정해야 하며, 연장근로를 하더라도 1주(7일)에 12시간 이내에서만 가능하다. 또한, 근로시간이 4시간인 경우 30분, 8시간인 경우 1시간의 휴게시간을 근로시간 중간에 주어야 한다.

휴일

≫ 1주 소정근로일 개근 시 유급주휴일 부여

일용직, 아르바이트도 1주간 소정근로일을 개근한 경우는 유급주휴일을 부여해야 한다(1주 소정근로시간이 15시간 미만의 경우는 제외).
유급주휴일이므로 근무하지 않더라도 임금(주휴수당)을 추가로 지급해야 한다. 일용직의 경우 보통 일당제로 임금을 정하므로 1일분 일당이 더 지급되어야 할 수 있고, 시급제 아르바이트의 경우에도 1일분 시급이 더 지급되어야 한다. 다만, 단시간 근로자(파트타임)인 경우 주휴수당은 소정근로시간에 비례하여 지급할 수 있는바(근로기준법시행령 별표2), 아래의 예시를 참고하면 이해하기 쉬울 것이다.

 Tip 단시간 근로자의 소정근로시간과 주휴수당

예를 들어 단시간 근로자로 월 6시간, 화 5시간, 수 4시간, 목 6시간, 금 5시간, 1주 5일 근무를 하는 경우

⊘ 4주간 단시간근로자 소정근로시간 = (6시간 + 5시간 + 4시간 + 6시간 + 5시간) ×
 4주 = 104시간

⊘ 4주간 통상근로자 총 소정근로일수 = 5일 × 4주 = 20일

⊘ 단시간 근로자 1일 소정근로시간 수 = 104시간 ÷ 20일 = 5.2시간

따라서 단시간 근로자의 주휴수당은 8시간분이 아닌 5.2시간분 지급

≫ 근로자의 날

근로자의 날(5월 1일)은 '근로자의 날 제정에 관한 법률'에 의해 근로기준법상의 유급휴일로 정해져 있으므로 일용직, 아르바이트라도 유급휴일로 부여해야 한다.

연차휴가

일용직과 아르바이트도 연차휴가가 발생할 수 있다(5인 미만 사업장, 1주 소정근로시간 15시간 미만자 제외). 근속기간이 1년 미만인 근로자가 1개월간 개근한 경우 1일의 연차유급휴가가 발생하고, 1년 동안 근로한 경우 80% 이상을 출근했다면 1개월 개근 시 발생한 휴가를 포함하여 총 26일(1년 미만 연차휴가 사용촉진시 15일)의 연차휴가가 발생한다. 이렇게 발생한 휴가를 사용하지 못하고 퇴사하는 경우는 미사용 연차수당을 지급해야 한다.

4대 보험 적용

≫ 4대 보험 적용원칙

4대 보험은 사회보험으로서 법정 요건에 해당하는 때는 강제적으로 적용되는 것이므로 당사자 간 적용을 배제하기로 합의하더라도 효력이 없다. 4대 보험 가입대상임에도 불구하고 취득신고를 하지 않는 경우 과태료가 부과됨은 물론, 3년간의 보험료가 소급하여 징수될 수도 있다.

≫ 건강보험·국민연금

건강보험은 1개월 이상 계속근로하면서 1개월 소정근로시간이 60시간 이상이라면 취득신고를 해야 한다.

국민연금(만 18세 이상~만 60세 미만만 해당)은 근로계약기간이 1개월 이상이고, 고용된 날부터 1개월간 8일 이상 근로하고 근로시간이 월 60시간 이상인 경우 최초 고용된 날부터 사업장 가입자로 적용해야 한다.

일용직, 아르바이트라고 하더라도 대부분 상용근로자와 동일하게 노동법이 적용되거나 오히려 더 엄격하게 적용될 수 있다. 따라서 일용직, 아르바이트 노무관리는 간단하고 신경 쓰지 않아도 되는 부분이 아니라 오히려 더 까다롭게 주의를 기울여야 하는 부분임을 명심해야 할 것이다.

≫ 산재·고용보험

산재보험은 적용 제외업종이 아닌 이상 일용, 아르바이트 등 근로형태와 무관하게 모두 적용된다.

고용보험은 일반적으로 1개월 소정근로시간이 60시간 미만(1주 15시간 미만)의 경우 적용이 제외되나, 일용근로자의 경우 소정근로시간과 무관하게 무조건 고용보험이 적용된다(법제처 15-0398, 2015. 7.29.). 1개월 미만 사용하는 일용근로자의 경우에는 다음 달 15일까지 고용센터에 근로내용확인신고를 해야 하며, 근로내용확인신고를 한 경우 국세청에 제출하는 일용근로소득 지급명세서의 제출은 면제된다.

그러나 국세청 일용근로소득 지급명세서 제출로 고용센터 근로내용확인신고가 면제되지는 않는다.

아르바이트 주휴수당

몇 가지 사항을 충족해야 주휴수당 지급 대상이 된다. 주휴수당은 일주일에 15시간 이상 근무해야 하며, 사업장에서 정한 소정의 근로일에 결근해서는 안 된다. 예를 들어 월, 화, 수에만 출근하는 A가 개인 사정으로 인해 화요일에 결근했다면 주 15시간 이상 근무했다 해도 주휴수당을 받을 수 없다. 다만, 지각이나 조퇴는 결근이 아니므로 주휴수당을 받을 수 있다.

? Tip 청소년 아르바이트 고용 시 꼭 지켜야 할 사항

❶ 원칙적으로 만 15세 이상의 청소년만 근로할 수 있다.

　만 13~14세 청소년은 고용노동부에서 발급한 취직인허증이 있어야 근로할 수 있다.

❷ 연소자(만 18세 미만인 자)를 고용한 경우 연소자의 부모님 동의서와 가족관계증명서를 사업장에 비치해야 한다.

❸ 근로조건을 명시한 근로계약서를 작성해 근로자에게 발급해야 한다.

❹ 성인과 동일한 최저임금을 적용받는다.

❺ 위험한 일이나 유해한 업종의 일은 할 수 없다.

❻ 1일 7시간, 주 35시간 이하로 근무할 수 있다.

연장근로는 1일 1시간, 주 5시간 이내 가능(연소자의 동의 필요)

❼ 근로자가 5명 이상의 경우 휴일 및 초과근무 시 50%의 가산임금을 받을 수 있다.

❽ 1주일에 15시간 이상 일을 하고, 1주일 동안 개근한 경우, 하루의 유급휴일을 받을 수 있다.

❾ 일하다가 다쳤다면 산재보험법이나 근로기준법에 따라 치료와 보상을 받을 수 있다.

 알바생 소득을 처리하는 여러 가지 실무적 방법

대부분 아르바이트생은 학생 신분이거나 타 직업자이면서, 하루 단위로 급여를 계산해서 받는 형태가 많다.

구 분	처리방법
일 용 근로소득	일용근로자도 4대 보험 가입의무가 있어 사업주가 부담해야 한다. 소득세 계산 방법 : (매일 일당 – 하루당 15만원) × 2.7%를 납부한다. 단, 근로시간이 월 60시간 미만(주당 15시간 미만)의 단기간 일용근로자인 경우만 4대 보험 가입의무가 없다. 가장 원칙에 맞는 처리 방법이다.
사업소득	업무실적별로 받는 사업소득자의 경우 3.3% 원천징수로 끝난다. 일용근로자의 4대 보험 부담과 일용소득에서의 차감 지급이 부담스러운 경우 쌍방 합의로 처리할 수 있다. 원칙은 아니므로 사업소득 처리하면, 근무기간동안의 실적급 × 3.3%를 원천징수 납부한 후 96.7%의 전액을 지급하며, 근무자가 연말정산 안 하고, 종합소득세 신고를 해야 한다. 원칙이 아니므로 근로자는 실업급여를 받지 못하고, 사업주는 공단에 적발시 근로자 부담분 4대 보험료를 사업주가 대신 물 수 있다.

구 분	처리방법
기타소득	실적별이 아니고 일시적, 우발적 소득(강의, 안내 등)은 기타소득처리 받는 금액의 60%가 필요경비이고, 나머지 40%가 소득이며, 20%가 원천징수세율이므로, 총지급에서 8.8%(6.6%)를 차감징수하고 91.2% 순액을 지급한다. 이 경우는 가끔 발생하는 경우로서 원칙은 아니다.
외주용역비	근무지가 사업자등록 후 세금계산서를 발행하고 지급수수료로 받아 간다. 이는 극히 드문 경우로서 상대방이 사업자여야 한다는 전제가 있다.

 ## 일용근로소득 지급명세서 작성 · 제출

일용근로자를 고용한 사업자(원천징수의무자)는 일용근로소득 지급명세서를 제출기한(다음 달 말일) 이내에 제출해야 한다.

제출 방법은 "일용근로소득 지급명세서 제출"과 국세청 누리집의 공지사항을 참고하고 특히, 고용노동부에 근로내용확인신고서를 제출하는 사업자의 경우 아래 사항에 유의한다.

① 매월 고용노동부에 근로내용확인신고서로 신고하여 국세청에 제출하는 일용근로소득 지급명세서의 제출을 생략하는 경우는 근로내용확인신고서에 일용근로소득 지급명세서 필수 기재 사항인 원천징수의무자의 사업자등록번호, 일용근로자의 주민등록번호(외국인등록번호), 총지급액(과세소득) 및 일용근로소득신고(소득세 등)란 등을 반드시 기재해야 한다.

② 근무기간이 1개월 이상인 일용근로자[일용근로자 분류 기준이 소득세법(3개월 미만 고용)과 고용보험법(1개월 미만 고용)이 다른 점], 외국인 근로자[F-2(거주), F-5(영주), F-6(결혼이민)은 제외], 임의가입자(고용보험 가입을 희망하지 않은 자)는 고용노동부에 신고한 때도 반드시 국세청에 일용근로소득 자료를 별도로 제출해야 한다.

05

수습직원의 근로계약과 해고

신규직원을 채용하는 경우 채용일로부터 일정기간동안은 수습기간 또는 시용기간으로 정해서 직무를 습득하도록 하는 기간을 두는 경우가 있다. 시용기간은 아직 정식 근로계약을 체결하지 않은 상태에서 일정기간 시험 또는 사용 후 정식의 근로계약을 체결할 것인지? 여부를 결정하는 근로계약서인 데 반해, 수습기간은 정식의 근로계약을 체결했지만, 일정 기간동안은 직무능력 습득을 위해 통상의 근로자와 달리 대우한다는 규정을 두는 경우를 말한다.

시용기간이나 수습기간을 두는 경우 주의해야 할 점은 취업규칙에 명시적으로 규정되어 있거나 근로계약서에서 기간을 명시해야만 시용기간 또는 수습기간으로서의 효력이 발생한다는 점이다. 따라서 취업규칙이나 근로계약서에 명시되지 않은 상태에서 나중에 시용기간 또는 수습기간이었다고 주장하는 것은 효력이 없다.

수습사용 중에 있는 자로서 수습사용한 날부터 3개월 이내인 자에 대해서는 최저임금액의 90%까지 감액해서 지급할 수 있다. 다만, 1

년 미만의 근로계약기간 근로자 및 1~2주의 직무훈련만으로 업무수행이 가능한 단순 노무 종사자는 감액할 수 없다.

따라서 음식배달원, 음식점 서빙, 건설 단순노무직, 청소원 및 대다수의 알바생 등은 수습기간 없이 100%의 임금을 지급받을 수 있다.

5인 미만 사업장의 경우 해고제한 규정이 적용되지 않기 때문에 수습기간 중 임금을 감액해서 지급할 수 있고, 수습기간을 명시하지 않은 경우는 통상근로자와 동일하게 지급해야 한다는 점에서 의미가 있지만, 5인 이상 사업장의 경우에는 수습직원이라도 통상의 근로자에 비해 완화되기는 하지만 근로기준법상의 해고제한 규정이 적용되기 때문에 해고 여부의 판단기준에 대한 객관적인 기준을 미리 정해두어야 부당해고의 다툼에 대비할 수 있다. 즉, 시용기간이나 수습기간은 정식 채용을 전제로 해서 근로자를 채용하는 것이긴 하지만 근로계약 관계는 이미 성립된 것이기 때문에 시용기간이나 수습기간 경과 후에 정식 채용을 거부하는 것도 해고에 해당한다. 다만, 당해 근로자의 업무능력, 자질, 인품, 성실성 등 업무 적격성을 판단하려는 시용제도의 취지, 목적에 비추어 보통의 해고보다는 그 정당성이 넓게 인정될 수 있지만, 이 경우에도 객관적이며, 합리적이고, 사회통념상 상당하다고 인정되는 수준의 해고사유가 존재해야만 해고의 정당성이 인정될 수 있다.

수습기간이 만료되고 근로자와 정규직 근로관계가 성립한 후에는 수습기간은 계속 근로기간에 합산되기 때문에 연차유급휴가나 퇴직금 계산 시에는 수습기간도 합산해야 한다.

통상적으로 취업규칙 또는 근로계약에서 취업 후 3개월간은 수습기간으로 하며, 동 기간 중 사용자는 근무성적, 근무태도 등을 판단해서 문제가 있다고 인정되는 경우는 근로계약을 해지할 수 있다는 취지의 규정을 두는 경우가 많이 있다.

이때의 수습기간은 엄밀하게는 시용기간을 정한 것으로 볼 수 있으며, 판례도 이러한 취업규칙의 규정에 대해 시용기간을 정한 것으로 해석하고 있다.

구 분	해고방법
5인 미만 사업장	해고의 절차적인 부분만 적용되고, 해고의 사유의 정당성을 따지지 않는다. 절차는 해고의 구체적인 사유와 해고 일자를 명기한 서면을 근로자에게 내용증명, 교부 등으로 통지해야만 효력이 있다. 만약 서면 통지를 하지 않았다면 상시근로자 수 5인 미만 사업장이라 하더라도 무조건 당해 해고는 법적으로 부당하게 판단될 것이다(근로기준법 제27조).
5인 이상 사업장	해고의 절차적인 부분뿐 아니라, 해고의 사유 또한 정당해야 한다. 우리나라의 노동법 체계상 해고가 매우 어렵게 돼 있어 1회의 비위행위로 해고를 하기 위해서는 중대한 형사처벌 사유 정도, 예를 들어 성폭행, 횡령, 배임, 사내 폭행 등의 징계사유는 돼야 할 것이다. 이러한 이유로 대기업에서도 명예퇴직(권고사직)을 통해 합의해 근로계약을 해지시키는 경우가 많은 것이다. 결국 상시근로자 수 5인 이상의 회사의 경우 근로자와 계약을 해지하고 싶은 경우에는 해고라는 방식을 선택하기보다, 사직을 권고해 계약을 해지하는 것이 법적 분쟁을 최소화하는 방법일 것이다. 단, 권고사직으로 계약을 해지할 때는 반드시 사직서를 받아둬야 한다.

구 분	내 용
수습기간	• 수습기간은 근로기준법에서 특별히 정한 것이 없어 자유롭게 정할 수 있다. 즉 6개월을 수습기간으로 할 수도 있다. 다만, 최저임금 감액 관련해서 최저임금법 제5조에서 '수습을 사용한 날부터 3개월 이내'로 제한하고 있다. • 결론은 수습기간은 자유롭게 정할 수 있지만, 최저임금의 감액은 3개월 이내에서만 가능하다. 따라서 수습기간을 6개월로 해도 최저임금의 감액은 3개월 이내에서만 가능하다.
보수월액신고	다음의 2가지 방법 중 하나의 방법을 적용한다. • 수습기간의 급여로 보수총액을 신고 후 정상 급여를 받을 때 변경신고를 하는 방법 • 1년간 급여는 이미 정해져 있으므로 총연봉 ÷ 12를 적용해서 신고하는 방법. 단, 1년 미만의 경우 해당 근무기간의 보수총액을 기간으로 나누어 신고한다.
계속근속연수	• 수습기간도 퇴직금 계산을 위한 계속근속연수에 포함이 된다.
연차휴가	• 상시근로자 5인 이상 사업장에서 4주 동안을 평균하여 1주간 소정근로시간이 15시간 이상인 근로자인 경우라면 연차유급휴가가 발생한다. 즉, 1년 미만 기간에 월 개근 시 1일의 연차휴가(최대 11일)와 1년간 80% 이상 출근율에 따라 15일에 대하여 연차유급휴가가 발생한다. • 위의 규정은 수습근로자도 동일하게 적용된다. 따라서 수습기간에도 1개월 개근 시 1일의 연차휴가가 발생하고, 수습기간 포함 1년에 80% 이상 개근 시 15일의 연차휴가가 발생한다. 또한 미사용 시 연차수당을 받을 수 있다(연차휴가사용촉진시 예외).

제2장

입사에서 퇴사까지
노무관리

법정근로시간과
소정근로시간, 유급근로시간

근로기준법은 근로시간에 대해 1주간의 근로시간은 휴게시간을 제외하고 주 40시간을 초과할 수 없으며, 1일 근로시간은 휴게시간을 제외하고 1일 8시간을 초과할 수 없다. 다만, 근로자의 동의가 있는 경우에는 1주일 12시간을 한도로 연장근로를 할 수 있다.

특별한 사정이 없다면 근로시간은 단체협약, 취업규칙 등에 정해진 출근 시각과 퇴근 시각의 시작과 끝이 된다. 업무의 시작과 종료시각은 취업규칙의 필수적 기재 사항이다(근로기준법 제93조). 시작점은 근로자가 자기의 노동력을 사용자의 처분 하에 두는 시점이며, 종료점은 사용자의 지휘·명령에서 해방되는 시점이므로 근로자가 실제로 구속되는 시간을 기준으로 판단하게 된다.

일반적으로 회사는 9시 출근, 6시 퇴근, 점심시간 1시간이다. 이는 1일 근로시간 8시간에 4시간당 30분 휴게시간으로 해서 1시간으로 총 9시간을 구성하는 것이다.

법정근로시간과 소정근로시간, 유급근로시간

》 법정근로시간

법정근로시간은 법으로 정해진 근로시간으로 휴게시간을 제외하고 1일 8시간, 1주 40시간이 원칙이다. 연소자(15세 이상 18세 이하)의 법정기준근로시간은 1일 7시간, 1주일에 35시간을 초과하지 못한다(1주 40시간 = 주 35시간 + 연장근로 5시간 : 연장근로 한도는 1일 1시간, 1주 5시간 이내이다).

법정근로시간 규정은 5인 이상 사업장에만 적용되며, 5인 미만 사업장은 적용이 되지 않는다.

1주 40시간(법정근로시간) + 1주 12시간(연장근로시간) = 1주 최대 52시간

》 소정근로시간

소정근로시간이란 법정근로시간의 범위 안에서 근로자와 사용자 간에 정한 시간을 말한다. 즉, 일반근로자는 1일 8시간, 1주 40시간 범위 이내에서 정해진 시간이며, 연소자의 경우에는 1일 7시간, 1주 35시간 범위 이내에서 정해진 시간을 말한다.

1주 소정근로시간은 월요일부터 기산하며, 1월 소정근로시간은 매월 초일부터 기산한다. 예를 들어 화요일 입사한 직원의 첫 주휴일은 1주 개근이 아니므로 무급으로 부여한다.

소정근로시간은 일반적으로 약정으로 정하게 되며, 이는 근로계약서나 연봉계약서 등에 명시해야 한다.

1일 근로시간이 불규칙한 경우 1주 또는 월 소정근로시간수를 계산, 이를 평균한 시간 수를 소정근로시간으로 하며(근기 68207-865, 19 94.05.27), 소정근로시간은 법정근로시간을 초과하지 못한다.

≫ 유급 근로시간

유급 근로시간은 월급을 계산할 때 월급책정에 들어간 시간을 말한다. 따라서 월급은 유급 근로시간만큼 줘야 하고 결근 등으로 월급에서 급여를 차감할 때도 유급 근로시간 분만 차감한다. 따라서 토요일이 무급의 경우 애초 급여계산 시 토요일 근무분을 월급에 포함해 지급하기로 계약을 안 했으므로, 급여 차감을 할 때도 처음부터 포함 안 된 토요일 급여를 차감하면 안 된다. 만일 차감을 한다면 토요일 급여를 주지도 않았으면서 뺏어가는 결과가 된다.

중도 입사자와 중도 퇴사자의 월급을 일할계산할 때 유급 근로시간으로 계산하면 최저임금 문제가 발생하지 않는 장점이 있다.

구 분	근로시간 계산
법정 근로시간	법에서 정한 근로시간으로 근로자가 근로를 제공하는 최장 시간이다. • 1일 : 8시간 • 1주(7일) : 40시간(월~일) • 1월(일반적) : 209시간
소정 근로시간	노사합의에 따라 노사 간에 근로계약, 취업규칙, 단체협약 등으로 근로하기로 정한 시간을 말한다. 소정근로시간은 법정근로시간을 초과하지 못한다. • 9시 출근 오후 6시 퇴근으로 근로계약을 한 경우 소정근로시간은 8시간

구 분	근로시간 계산
	• 9시 출근 오후 7시 퇴근으로 근로계약을 한 경우 소정근로시간은 8시간, 1시간은 연장근로시간 • 9시 출근 오후 4시 퇴근으로 근로계약을 한 경우(점심시간 1시간) 소정근로시간은 6시간 • 월~금 9시 출근 오후 6시 퇴근, 토요일 4시간 출근으로 근로계약을 한 경우 소정근로시간은 주40시간
유급 근로시간	• 월급을 계산할 때 월급책정에 들어간 시간을 말한다. • 최저임금의 계산기준이 되는 근로시간을 말한다. • 중도 입사자와 중도 퇴사자의 월급을 일할계산할 때 유급 근로시간으로 계산하면 최저임금 문제가 발생하지 않는 장점이 있다. • 통상시급 계산 시 기준이 되는 근로시간이다. 일 8시간 5일 근무제의 경우 유급근로시간 = (주40시간 + 주휴일 8시간) × 4.345주 = 209시간 1. 주 5일 근무에 1일 4시간 유급휴일 • 1주 = [(8시간 × 5일) + (8시간 + 4시간)] = 52시간 • 1월 = [52시간 × (365일 ÷ 12월 ÷ 7일)] = 226시간 2. 주 5일 근무에 1일 무급휴일 • 1주 = [(8시간 × 5일) + 8시간] = 48시간 • 1월 = [48시간 × (365일 ÷ 12월 ÷ 7일)] = 209시간
연장 근로시간	연장근로의 기준이 되는 시간은 법정근로시간으로 법정근로시간을 초과한 근로에 대해서 연장근로수당을 지급한다. 즉 1일 8시간을 초과하거나 주 40시간을 초과한 경우는 연장근로시간이 된다. 반면 단시간 근로자는 소정근로시간을 넘어서 근무한 시간이 연장근로시간이 된다.

일반적으로 법을 정확히 지키는 경우 법정근로시간과 소정근로시간은 일치하며, 법정근로시간은 근로시간의 최저가 아닌 최장 시간을 규정한 것이다.

구 분		기준근로시간		연장근로시간		야간근로 시 간	휴일근로 시 간
		1주	1일	요건	제한		
1 8 세 이 상	남성근로자	40시간	8시간	당사자 합 의	1주 12시간	본인 동의	본인 동의
	여성근로자	40시간	8시간	당사자 합 의	1주 12시간	본인 동의	본인 동의
	산후 1년 미만 여성근로자	40시간	8시간	당사자 합 의	1일 2시간 1주 6시간 1년 150시간	본인 동의 고용노동부 장관 동의	본인 동의 고용노동부 장관 동의
	임신 중인 여성근로자	40시간	8시간	불가	불가	본인 동의 고용노동부 장관 동의	본인의 명시적 청구 고용노동부 장관 동의
	유해위험 작업근로자	34시간	6시간	불가	불가	본인 동의	본인 동의
18세 미만 연소근로자		35시간	7시간	당사자 합 의	1일 1시간 1주 5시간	본인 동의 고용노동부 장관 동의	본인 동의 고용노동부 장관 동의

 ## 근로시간의 계산사례

구 분	근로시간 판단방법
휴게시간과 대기시간은 구분	휴게시간은 사용자의 지휘·감독에서 벗어나 자유롭게 이용이 보장 된 시간을 말한다. 자유로운 이용이 어렵다면 대기시간도 근로시간 에 포함된다. 예를 들어 감시·단속적 근로자(아파트 경비원 등)의 야간근무 중 휴게시간이 보장되지 않는다면 근로시간에 해당한다.

구 분	근로시간 판단방법
업무 중 흡연시간과 커피마시는 시간	대기시간이므로 근로시간에 포함된다. 근로시간 판정 기준이 '사용자의 지휘·감독에의 종속성'이기 때문에 정부는 업무 중 잠시의 휴식시간은 사용자 지시 아래 있는 것으로 본다. 커피를 마시다가도 상사가 호출하면 바로 가야 한다는 것을 생각하면 이해하기 쉽다.
회식은 근로시간에 해당하나?	근로시간이 아니다. 회식은 근로자의 기본적인 노무 제공(업무) 목적이 아니며, 사업장 구성원의 사기 진작, 조직 결속 및 친목 등을 강화하기 위한 행사라고 할 수 있다. 상사가 참석을 강제했더라도 그것만으로 회식을 근로계약상의 노무 제공으로 보기 어렵다는 게 정부의 판단이다.
저녁에 거래처 접대	접대 성격에 따라 다르다. 소정근로시간 외에 접대한 상대방이 업무 수행과 관련 있는 사람이고, 사용자가 접대를 지시해야 근로시간으로 인정될 여지가 있다. 법원은 상사의 묵시적 지시에 따라 휴일 골프에 참여한 경우라도 사용자의 구체적 지휘, 감독 아래 이뤄지지 않았다면 근로시간에 해당하지 않는다고 판결한 바 있다.
사내 교육시간	교육의 성격에 따라 다르다. 사용자가 의무적으로 실시해야 하는 각종 교육(예를 들어 연 1회 성폭력 예방 교육)에 참여하는 시간은 근로시간이지만, 근로자가 개인적 차원에서 또는 법정의무 이행을 위해 권고되는 수준의 교육을 받았다면 근로시간으로 보기 어렵다. 다만, 근로자직업능력개발법에 따른 직업능력개발훈련의 경우에는 사용자와 근로자 간 훈련계약을 체결했는지? 여부에 따라 근로시간으로 볼 수도 있다.
업무 워크숍이나 세미나	목적에 따라 다르다. 사용자의 지휘·감독 아래 효과적 업무수행을 위해 진행된 경우라면 근로시간으로 인정할 수 있으며, 소정근로시간 범위를 넘어서는 토의·회의는 연장근로로 인정할 여지가 있다. 그러나 워크숍이나 세미나 프로그램 중 직원 간 친목 도모시간이 포함돼 있다면 그 시간만큼은 근로시간으로 인정하기 어렵다.

구 분	근로시간 판단방법
출장시간	근로시간에 포함된다. 다만, 출장은 거리와 목적, 교통수단 등이 워낙 다양하므로 정부가 출장시간을 일률적으로 정하기는 어렵다. 판례는 출장시간 산정이 어려운 경우 8시간의 소정근로시간 또는 통상 출장에 필요한 시간을 근로한 것으로 간주한 바 있다. 출장에 필요한 이동시간과 업무시간을 가장 잘 파악할 수 있는 사람은 회사와 근로자이므로, 고용노동부는 사용자대표와 근로자대표가 서면 합의로 출장 근로시간을 정하도록 권고하고 있다.

 Tip 시급의 계산방법

[연장근로시간 포함 통상임금 계산]

평일 오전 8시부터 오후 6시까지 근무를 하고, 월급으로 300만원을 받는 경우 시급은?

1. 평일 9시간 × 5일 근무를 하여 주 45시간 근로를 하였다면 평일 5시간 연장 5시간 × 1.5배 = 7.5시간이 된다.
2. 월 소정근로시간은 주휴수당을 포함 209시간이 되며, 초과근로시간은 1주 7.5시간 × 4.345주 = 1달 약 32.59시간이 나온다.
3. 총근로시간은 209시간 + 32.59시간 = 241.59시간
4. 통상시급 = 300만원 ÷ 241.59시간 = 12,420원

[격주 근무할 때 통상시급 계산]

매주 평일 오전 8시부터 오후 6시까지 근무를 하고, 토요일 2, 4주를 제외하고 9시간씩 근무를 하였다. 월급으로 300만원을 받는 경우 시급은?

1. 평일 9시간 × 5일 근무를 하여 주 45시간 근로를 하였다면 평일 5시간 연장 5시간 × 1.5배 = 7.5시간

2. 월 소정근로시간은 주휴수당을 포함 209시간이 되며, 초과근로시간은 1주 7.5시간 × 4.345주 = 1달 약 32.59시간이 나온다.

3. 토요일 근무는 모두 연장근로에 해당하며, 9시간씩 2, 4주를 제외한 나머지 토요일에 근로하였다면 9시간 × 4.345주(월평균 주수) − 18시간(2.4주) = 약 21.06시간 따라서 21.06시간 × 1.5배 = 31.59시간의 연장근로가 매월 토요일 발생하게 된다.

4. 총 연장근로시간 = 32.59시간 + 31.59시간 = 약 64.18시간

5. 총근로시간 = 209시간 + 64.18시간 = 273.18시간

6. 통상시급 = 300만원 ÷ 273.18시간 = 10,982원

 Tip 격주근무시 최저임금(수급), 통상시급, 주휴수당, 시간외 근로수당

1. 격주 근무시 임금

구 분	임금
일 8시간 근로자	[(주40시간 + 8시간(주휴)) × 4.345주 × 시급(최저시급)] + 연장근로 [(8시간 × 4.345주) ÷ 2 × 1.5 × 시급(최저시급)]
단시간 근로자	[(월~금 총 근무시간(A) + A/5) × 4.345주 × 시급(최저시급)] + 연장근로 [(격주 토요일 근무시간 × 4.345주) ÷ 2 × 1.5 × 시급(최저시급))]

2. 격주 근무시 시급

구 분	임금
유급시간	평일 통상시간(A) = [월~금 총 근무시간(40시간 한도) a + a/5(8시간 한도)] × 4.345주 격주 토요일 통상시간(B) = (격주 토요일 근무시간 × 4.345주) ÷ 2 × 1.5 총 유급시간 = A + B
시급	월 임금 ÷ 유급시간

3. 주휴수당

8시간(주휴시간은 최대 8시간) × 시급

4. 시간외근무수당

연장, 휴일, 야간근로수당은 통상시급의 50%를 가산해서 지급하면 된다.

연장근로는 주5일 또는 주6일 중 1일 8시간을 초과한 근로시간이나 주40시간을 초과하는 근로시간은 연장근로시간에 해당한다. 야간근로는 연장근로 및 휴일근로와 중복적용이 가능하다.

4-1. 평일에 연장근로, 야간근로가 중복이 되었을 시

근로시간(100%) + 연장근로(50%) + 야간근로(50%) = 200%

4-2. 휴일에 연장근로, 야간근로가 중복이 되었을 시

근로시간(100%) + 휴일근로(50%) + 휴일연장(50%) + 야간근로(50%) = 250%

？ Tip 포괄임금제에서 기본급과 고정 OT를 나누는 방법

포괄임금제는 야간, 연장, 휴일근로를 별도로 계산하지 않고 일정 시간과 금액을 고정 초과근로수당으로 지급하는 형태로 기본급 + 고정OT로 구성이 되지만 실제로 이를 구분해서 인식하지 않는다. 즉 이것저것 따지지 않고 한 달 얼마로 포괄해서 임금을 책정한다. 그러다 보니 급여를 책정할 때나 추가 초과근무수당이 발생해 계산해야 하는 경우 실무자들이 기본급과 고정OT 부분을 나누는 데 상당히 힘들어하고 있다. 또한 11월 19일부터 임금명세서 작성 시에는 기본급과 고정OT를 구분해서 따로 표기해야 하고, 고정OT 산출 근거도 같이 작성해줘야 하다 보니 더욱 힘들어진 것이 현실이다.

기본급과 고정OT로 나누는 방법

월급 400만원(기본급, 고정OT, 직책수당 : 20만원, 식비 10만원)이고 여기에는 월 고정 연장근로시간 12시간분의 임금이 포함되어 있다고 가정하면(일 8시간, 주 40시간 사업장)

· 소정근로시간 = 40시간
· 유급 근로시간 = (40시간 + 8시간) × 4.345주 = 209시간

- 고정OT 유급 근로시간 = 12시간 × 1.5배 = 18시간(포괄임금제에서 1.5배가 아닌 1배로 해야 한다는 해석도 있지만, 실무상으로는 1.5배를 일반적으로 한다.)
- 총 유급근로시간 = 227시간
- 통상시급 = (400만원 − 통상임금 제외항목) ÷ 227시간 = 약 17,620원
- 고정OT = 17,620원 × 12시간 × 1.5배 = 317,160원
- 기본급 = 400만원 − 고정OT(317,160원) − 직책수당(20만원) − 식비(10만원)
      = 3,382,840원

참고로 고정OT 먼저 배분을 한 후 기본급을 마지막에 배분한다. 고정OT의 경우 근로기준법상 가산임금을 지급해야 하므로 이를 먼저 맞춘 후, 마지막에 산출된 기본급은 최저임금보다 많으면 문제가 되지 않는다.

임금명세서의 고정 OT란에는 산출근거로 17,620원 × 12시간 × 1.5배 = 317,160원을 작성하면 되고 추가로 6시간의 연장근로가 발생하는 경우 추가 연장근로란에 17,620원 × 6시간 × 1.5배 = 158,580원을 기입하면 된다.

02

법정휴일과 약정휴일 법정공휴일

법정휴일은 법에서 정한 휴일을 약정휴일은 근로자와 회사가 약속한 휴일이라고 보면 된다.

우리가 흔히 빨간 날이라고 하는 국경일. 명절 등은 공무원만 쉬도록 법으로 정해진 법정공휴일이다. 사기업을 원칙적으로 쉬지 못한다.

그러나 근로기준법의 개정으로 2022년부터는 5인 이상 사업장도 빨간 날 무조건 쉬는 유급휴일이 되었다.

 법정휴일

근로기준법 등 노동관계법은 최소한의 휴일을 규정하고 있는바 이를 법정휴일이라고 한다.

근로기준법에 의한 주휴일과 근로자의 날 제정에 관한 법률에 의한 근로자의 날(5월 1일)이 해당하며, 관공서의 공휴일에 관한 규정에 규정된 날(명절, 국경일 등 빨간 날)은 공무원들만 쉬는 법정공휴일로 근로기준법의 개정으로 2022년부터는 5인 이상 사기업도 쉴 수 있는 법정휴일화 되었다.

사용자는 근로자에 대해서 1주일(1주간의 소정근로일수를 개근한 경우)에 평균 1회 이상의 주휴일을 유급휴일로 주도록 하고 있다(일용직, 임시직, 파트파이머 모두 포함됨)(근기법 제55조). 다만, 주휴일은 반드시 일요일일 필요는 없으며, 원칙적으로 특정일은 매주 같은 요일로 하고, 주휴일의 간격은 7일 이내가 바람직하지만, 예외는 있다.

 ## 약정휴일

법정휴일 이외에 사용자와 근로자의 합의로 휴일을 정할 수 있으며, 이를 약정휴일이라고 한다. 약정휴일을 유급으로 할 것인가, 무급으로 할 것인가의 문제는 사용자와 근로자의 합의로 정할 수 있다. 무급인 경우는 논란을 피하고자 취업규칙에 명시한다.

공휴일은 취업규칙 등에 그 기업의 휴일이라고 명시함으로써 비로소 휴일이 되는 약정휴일이다.

약정휴일에 근로하는 경우 휴일근로가 되므로 휴일근로에 따른 가산임금을 지급해야 한다. 또한, 약정휴일을 줄이는 것으로 변경하고자 하는 경우는 불이익한 변경이므로 근로자 과반수이상의 동의가 필요하다.

구 분	내 용
법정휴일과 약정휴일	• 휴일에는 법률로 정해진 법정휴일과 사업주와 근로자가 자율적으로 쉬기로 약속한 약정휴일이 있다. 관공서의 공휴일인 법정공휴일도 있으나 2022년부터 5인 이상 민간사업장도 법정공휴일에 쉴 수 있으므로 법정공휴일이 법정휴일로 변경됨

법정(공)휴일	약정휴일
• 주휴일 • 근로자의 날(5월 1일) • 공휴일(설날, 추석 등)	• 노동조합/회사 창립일

구 분	내 용
대체공휴일	• 공휴일이 주말과 겹치는 경우, 평일 하루를 공휴일로 지정하여 쉴 수 있는 대체공휴일제도 시행
휴일대체	• 원래 쉬기로 한 날(휴일)을 다른 근로일과 바꾸는 것을 휴일대체라고 한다.

구 분	요 건
근로자의 날	대체 불가능
주휴일	휴일 24시간 이전 근로자 동의나 취업규칙 규정
공휴일	근로자대표와 서면합의

구 분	내 용
주휴일	• 1주일에 평균 1회 이상의 주휴일을 부여, 1주 동안 소정근로일을 개근한 근로자에게는 유급으로 주휴일을 부여 • 주휴일은 반드시 일요일이 아니라도 무방 • 4주 평균 1주간 소정근로시간이 15시간 미만인 근로자에게는 주휴일 규정이 적용되지 않는다. • 1주 동안 소정근로시간이 15시간 이상 근로와 소정근로일을 개근해야 한다는 2가지 요건을 충족해야 한다. • 주휴수당 = 1주일 소정근로시간 ÷ 5 × 시급

평균임금과 통상임금

 퇴직금 계산에는 평균임금

평균임금이란 이를 [1] 산정해야 할 사유가 발생한 날 [2] 이전 3개월 동안에 그 근로자에 대해서 [3] 지급한 임금의 총액을 [4] 그 기간의 총일수로 나눈 금액을 말한다(근로기준법 제2조 제1항 제6호).

근로자가 취업한 후 3개월 미만인 경우도 이에 준한다(근로기준법 제2조 제1항 제6호 단서).

평균임금 = 산정 사유 발생일 이전 3개월간 임금 총액 ÷ 산정 사유 발생일 이전 3개월간의 총일수

① 최종 3개월간의 임금

② 퇴직 전일로부터 1년간 지급된 상여금 x 3/12

③ 퇴직 전일로부터 전년도 연차휴가를 사용하지 못해 지급받은 연차휴가수당 x 3/12

④ (① + ② + ③) / 퇴직 전 3개월간의 일수(89일~92일) = 평균임금

퇴직금 = 평균임금 x 30일 x (재직일수) / 365

≫ 평균임금이 적용되는 경우

근로기준법에서 평균임금이 적용되는 경우는 다음과 같다.

⊚ 퇴직급여(근로기준법 제34조)

⊚ 휴업수당(근로기준법 제46조)

⊚ 연차유급휴가수당(근로기준법 제60조)

⊚ 재해보상 및 산업재해보상보험급여(근로기준법 제79조, 제80조, 제82조, 제84조 및 산업재해보상보험법 제36조)

⊚ 감급제재의 제한(근로기준법 제95조)

⊚ 구직급여(고용보험법 제45조)

≫ 평균임금에 포함되는 임금과 포함되지 않는 임금

임금에 포함되거나 포함되지 않는 예시 규정이므로 실제로 임금의 실태를 고려해서 그 포함 여부를 결정해야 한다(평균임금 산정에 포함되는 임금의 범위예시와 확인 요령 제3조 제1항).

평균임금 산정기초인 임금에 포함되는 것(평균임금 산정에 포함되는 임금의 범위예시와 확인요령 제3조 제2항).

구 분	내 용
통화로 지급되는 것	• 기본급 • 연차유급휴가수당 • 연장, 야간, 휴일근로수당 • 특수 작업수당, 위험작업수당, 기술수당 • 임원, 직책수당 • 일 · 숙직수당

구 분	내 용
	• 장려, 정근, 개근, 생산독려수당
	• 단체협약 또는 취업규칙에서 근로조건의 하나로서 전 근로자에게 일률적으로 지급하도록 명시되어 있거나 관례적으로 지급되는 다음의 것
	상여금
	통근비(정기승차권)
	사택수당
	급식대(주식대보조금, 잔업식사대, 조근식사대)
	월동비, 연료수당
	지역수당(냉, 한, 벽지수당)
	교육수당(정기적 일률적으로 전 근로자에게 지급되는 경우)
	별거수당
	물가수당
	조정수당
	• 가족수당이 독신자를 포함해서 전 근로자에게 일률적으로 지급되는 경우
	• 봉사료를 사용자가 일괄 집중 관리해서 배분하는 경우 그 배분금액
현물로 지급되는 것	법령, 단체협약 또는 취업규칙의 규정에 따라서 지급되는 현물급여(예 : 급식 등)

평균임금 산정기초인 임금에 포함되지 않는 것(평균임금 산정에 포함되는 임금의 범위예시와 확인 요령 제3조 제3항).

구 분	내 용
통화로 지급되는 것	• 결혼축하금 • 조의금 • 재해위문금 • 휴업보상금 • 실비변상적인 것(예 : 기구손실금, 그 보수비, 음료수 대금, 작업용품 대금, 작업상 피복제공이나 대여 또는 보수비, 출장여비 등)
현물로 지급되는 것	• 근로자로부터 대금을 징수하는 현물급여 • 작업상 필수적으로 지급되는 현물급여(예 : 작업복, 작업모, 작업화 등) • 복지후생시설로서의 현물급여(예 : 주택설비, 조명, 용수, 의료 등의 제공, 급식, 영양식품의 지급 등)
그 밖에 임금총액에 포함되지 않는 것	퇴직금(단체협약, 취업규칙 등에 규정함을 불문)
임시로 지급되는 임금	임시 또는 돌발적인 사유에 따라 지급되거나 지급조건은 사전에 규정되었더라도 그 사유발생일이 불확정적, 무기한 또는 희소하게 나타나는 것(예 : 결혼수당, 사상병수당)

≫ 평균임금의 산정에서 제외되는 기간과 임금

평균임금 산정기간 중에 다음의 어느 하나에 해당하는 기간이 있는 경우에는 그 기간과 그 기간 중에 지급된 임금은 평균임금 산정기준이 되는 기간과 임금의 총액에서 각각 **뺀다**(근로기준법 시행령 제2조 제1항).

⊘ 수습 사용 중인 기간(근로기준법 제35조 제5호)

⊘ 사용자의 귀책사유로 휴업한 기간(근로기준법 제46조)

⊘ 출산전후휴가기간(근로기준법 제74조)

- 업무상 부상 또는 질병으로 요양하기 위해서 휴업한 기간(근로기준법 제78조)
- 육아휴직 기간(남녀고용평등과 일·가정 양립 지원에 관한 법률 제19조)
- 쟁의행위기간(노동조합 및 노동관계조정법 제2조 제6호)
- 병역법, 향토예비군 설치법 또는 민방위기본법에 따른 의무를 이행하기 위해서 휴직하거나 근로하지 못한 기간. 다만, 그 기간 중 임금을 지급받은 경우에는 평균임금 산정기준이 되는 기간과 임금의 총액에서 각각 빼지 않는다.
- 업무 외 부상이나 질병, 그 밖의 사유로 사용자의 승인을 받아 휴업한 기간

》 평균임금의 계산

산정해야 할 사유가 발생한 날

산정해야 할 사유가 발생한 날은 예컨대 퇴직금의 경우는 퇴직한 날, 산재보상 시 업무상 사고는 사고가 발생한 날, 직업병은 직업병으로 확인된 날을 말한다.

퇴직 이전 3개월 동안

퇴직 이전 3개월 동안은 항상 90일이 아니라 실제 근로를 제공하였는지? 여부와 관계없이 퇴직 사유가 발생한 날부터(산정 사유 발생일은 제외) 소급한 달력상의 3개월을 의미한다. 따라서 해당 기간은 실제 달의 크기에 따라 3개월을 합산하면 89일~92일 사이가 된다.

지급한 임금의 총액

임금의 총액에는 근로기준법상 임금에 해당하는 모든 금품은 어떤 것이든 포함된다.

기본급은 물론이고 연장근로수당, 휴일근로수당, 야간근로수당도 모두 포함된다. 여기서 1년 단위로 지급되는 상여금이 문제가 되는데 고용노동부 예규에 따르면 12개월 중에 지급받은 상여금 전액을 그 기간동안 근로개월수로 분할 계산해서 평균임금 산정기초에 산입한다. 예를 들어, 퇴직일 전 12개월 동안 300%의 상여금이 지급됐다면 퇴직금 계산을 위한 평균임금 산정 시 300% 상여금 총액 × 3/12의 금액을 퇴직한 날 이전 3개월 동안의 임금총액에 포함시켜 계산한다.

 Tip 상여금이 있는 경우 평균임금의 계산방법

상여금이 단체협약, 취업규칙 기타 근로계약에 미리 지급조건 등이 명시되어 있거나 관례로서 계속 지급해 온 사실이 인정되는 경우는 평균임금 산정 시 평균임금에 포함해야 한다. 그 계산방식은 상여금 지급이 평균임금을 산정해야 할 사유가 발생한 때로부터 이전 12개월 중에 지급받은 상여금 전액을 그 기간동안의 근로 월수로 분할 계산해서 평균임금 산정 시 포함한다.

예를 들어 9월 30일에 퇴직한 근로자의 경우에는 퇴직일을 기점으로 1년간 지급받은 상여금을 퇴직금 산정을 위한 평균임금에 포함해야 한다. 즉, 1년간 300만 원을 상여금으로 받았다면,

300만원 ÷ 12개월 × 3개월 = 75만 원

75만원이 평균임금 계산 시 평균임금에 포함되는 금액이다.

성과상여금(성과급)의 경우 고정적으로 일정 지급률에 의해 계속 지급되었다면 평균임금에 포함된다. 평균임금에 포함되지 않는 성과상여금은 기업경영실적에 따라 매년 지급률 및 지급유무가 변동되는 것을 의미한다. 또한, 정기적·일률적으로 지급하는 경우라면 평균임금에 포함하고 출근일수에 따라 변동적으로 지급하거나 일부 근로자에게 지급하는 경우는 평균임금에 포함하지 않는다.

Tip 연차수당이 있는 경우 평균임금의 계산방법

연차수당도 상여금과 같이 3개월분을 포함시켜야 한다.

연차수당은 전전연도에 발생한 연차수당 보상 분을 퇴직금의 평균임금에 산입하고, 퇴사와 동시에 발생하는 연차수당은 퇴직금 산정에서 제외한다.

1. 퇴직하기 전 이미 발생한 연차유급휴가 미사용 수당

퇴직 전전연도 출근율에 의해서 퇴직 전년도에 발생한 연차유급휴가 중 미사용하고 근로한 일수에 대한 연차유급휴가 미사용 수당의 3/12을 퇴직금 산정을 위한 평균임금 산정 기준임금에 포함한다.

2. 퇴직으로 인해 비로소 지급사유가 발생한 연차유급휴가 미사용 수당

퇴직 전 연도 출근율에 의해서 퇴직연도에 발생한 연차유급휴가를 미사용하고 퇴직함으로써 비로소 지급 사유가 발생한 연차유급휴가 미사용 수당은 평균임금의 정의상 산정사유 발생일 이전에 그 근로자에 대해서 지급된 임금이 아니므로 퇴직금 산정을 위한 평균임금 산정 기준임금에 포함되지 않는다.

구 분	처리방법
퇴직 전전연도 출근율에 의해서 퇴직 전년도에 발생한 연차유급휴가 중 미사용 수당	3/12을 퇴직금 산정을 위한 평균임금 산정 기준임금에 포함한다.

구 분	처리방법
퇴직전연도 출근율에 의해서 퇴직연도에 발생한 연차유급휴가를 미사용하고 퇴직함으로써 비로소 지급사유가 발생한 연차유급휴가 미사용 수당	퇴직금 산정을 위한 평균임금 산정 기준임금에 포함되지 않는다.

다만, 사업장에서 근로기준법 제61조에 따라 연차휴가사용촉진을 하였음에도 근로자가 연차휴가를 사용하지 않은 경우라면 사용자는 그 사용하지 않은 휴가에 대해서 보상할 의무가 없는바, 이 경우 보상할 연차휴가 미사용 수당이 없다면 평균임금 산정에 포함되지 않는다.

 Tip 평균임금의 종합계산사례

김갑동의 평균임금을 계산하는 데 필요한 자료는 다음과 같다.

1. 평균임금 계산 사유 발생일 8월 20일
2. 기본급(3개월 내 변동 없음) 월 800,000원
3. 직급수당 월 100,000원
4. 8월의 시간외수당 50,000원
5. 상여금(연기본급의 300%) 연 2,400,000원
6. 연차 휴가수당 통상임금의 10일분 연 300,000원
7. 월차 휴가수당 매월 통상임금의 1일분 월 30,000원

해설

1. 평균임금 계산 사유가 발생한 전일부터 3개월이므로 달력상의 날짜로 계산한다.

- 8월 20일(1일부터 20일까지)
- 7월 31일(전월)
- 6월 30일(전월)
- 5월 11일(21일부터 31일까지)

▓ 5월 21일부터 8월 20일까지 평균임금을 계산할 기간임.

2. 다음에 평균임금에 포함할 수 있는 임금을 월별로 계산한다.

• 5월 기본급 80만원 + 직급수당 10만원 = 90만원 × 11/31 = 319,355원

• 6월 기본급 80만원 + 직급수당 10만원 = 90만원

• 7월 기본급 80만원 + 직급수당 10만원 = 90만원

• 8월 기본급 80만원 + 직급수당 10만원 = 90만원 × 20/31 = 580,645원

3. 상여금은 지급시기에 불구하고 규정된 지급액을 분할하여 포함시켜야 한다.

• 기본급 : 80만원 × 300% × 3/12 = 60만원

4. 연차휴가수당은 지급시기에 불구하고 지급된 금액을 분할하여 포함시켜야 한다.

• 10일분 : 30만원 × 3/12 = 75,000원

이상에서 계산된 총금액을 합산하여 3개월의 역일로 제한다.

5. 임금의 총액 (3개월간)

5월(319,355원) + 6월(90만 원) + 7월(90만 원) + 8월(580,645원) + 60만원(상여금) + 75,000원(연차휴가수당) + 9만 원(월차수당) + 5만 원(시간외수당) = 3,515,000원

6. 3개월간의 역일수 92일

임금의 총액에서 역일로 나눈 것이 김갑동의 1일의 평균임금이 된다. 즉 3,515,000원 ÷ 92일 = 38,207원

그 기간의 총일수로 나눈 금액

이상과 같이 산정 사유 발생일 이전 3개월 동안의 임금 총액이 계산되었다면 이를 그 기간의 총일수로 나누어야 한다. 그 기간의 총일수란 위에서 설명했던 산정 사유 발생일 이전 3개월을 의미하고, 이는 90일이 아니라 달력상 3개월을 의미한다. 따라서 몇 월에 평균임금 산정사유가 발생하는지? 에 따라 총일수가 달라진다. 예컨대 퇴직금 산정 시 12월 말일(12월 : 31, 11월 : 30일, 10월 : 31일)까지 근무하고 퇴직한 근로자는 3개월 동안의 총일수는 92일이 되고, 4월 말일까지 근무하고 퇴직한 근로자는 89일(4월 : 30, 3월 : 31일, 2월 : 28일)이 된다.

≫ 평균임금의 최저한도

평균임금이 그 근로자의 통상임금보다 적으면 그 통상임금을 평균임금으로 한다(근로기준법 제2조 제2항).

수당계산에는 통상임금

통상임금은 근로자의 근로에 해당하는 만큼 정기적으로 지급하는 시간급, 일급, 주급, 월급을 말한다(근로기준법 시행령 제6조 제1항). 우리가 흔히 알고 있는 임금의 개념과 같다. 이러한 기본급 외에도 직무수당, 물가수당, 위험수당 등 임금에 상관없이 사업주가 고정적·일률적으로 지급하는 임금도 통상임금에 포함된다. 하지만 상여금이나 연차수당, 연장근로수당 등과 같이 근로 실적에 따라 지급여부와 지급액이 달라지는 임금은 통상임금에 포함되지 않는다.

통상임금은 평균임금의 최저한도, 해고예고수당, 연장·야간·휴일근로수당, 연차유급휴가 수당, 출산휴가급여 등을 산정하는데 기초가 된다.

≫ 통상임금이 적용되는 경우

⊙ 평균임금 최저한도(근로기준법 제2조 제2항)

⊙ 해고예고수당(근로기준법 제26조)

⊙ 연장근로수당(근로기준법 제56조)

⊙ 야간근로수당(근로기준법 제56조)

⊙ 휴일근로수당(근로기준법 제56조)

⊚ 연차유급휴가수당(근로기준법 제60조)

⊚ 출산휴가급여(고용보험법 제76조)

⊚ 그 밖에 유급으로 표시된 보상 또는 수당

》 통상임금의 판단기준

야간, 휴일, 연장근무 등 초과근로수당 산정 등의 기준이 되는 통상임금이 되기 위해서는 초과근무를 하는 시점에서 보았을 때, 근로계약에서 정한 근로의 대가로 지급될 어떤 항목의 임금이 일정한 주기에 따라 정기적으로 지급이 되고(정기성), 모든 근로자나 근로와 관련된 일정한 조건 또는 기준에 해당하는 모든 근로자에게 일률적으로 지급이 되며(일률성), 그 지급여부가 업적이나 성과 기타 추가적인 조건과 관계없이 사전에 이미 확정되어있는 것(고정성)이어야 하는데, 이러한 요건을 갖추면 그 명칭과 관계없이 통상임금에 해당한다.

첫째, 통상임금은 노사계약에 명시된 근로에 대한 대가로 받는 것이다. 가령, 근로계약서상에 청소만 하기로 계약을 했으면, 청소했을 때만 통상임금으로 포함되는 임금을 받는 것이다.

둘째, 통상임금은 정기적으로 근로자에게 지급되는 임금이다.

셋째, 통상임금은 모든 근로자에게 지급되는(일률성) 것이다.

넷째, 통상임금에는 사전에 확정한 금액(고정성)이라는 조건이 있다.

소정근로의 대가

소정근로의 대가는 근로자가 소정근로시간에 통상적으로 제공하기로 정한 근로에 관해서 사용자와 근로자가 지급하기로 약정한 금품을 말한다.

소정근로의 대가로 볼 수 없는 임금은 아래와 같다.

◈ 근로자가 소정근로시간을 초과해서 근로를 제공해서 지급받는 임금

◈ 근로계약에서 제공하기로 정한 근로 외의 근로를 특별히 제공함
으로써 사용자로부터 추가로 지급받는 금품

◈ 소정근로시간의 근로와는 관련 없이 지급받는 금품

정기성

정기성은 미리 정해진 일정한 기간마다 정기적으로 지급되는지? 여
부에 관한 것으로서, 1개월을 초과하는 기간마다 지급되더라도 일정
한 간격을 두고 계속적으로 지급되는 것이면 통상임금이 될 수 있다.
예를 들어 정기상여금과 같이 일정한 주기로 지급되는 임금의 경우
단지 그 지급주기가 1개월을 넘는다는 사정만으로 그 임금이 통상임
금에서 제외되지 않는다. 따라서 1개월을 넘어 2개월, 분기, 반기,
연단위로 지급되더라도 정기적으로 지급되는 것이면 통상임금에 포
함된다.

일률성

일률성은 모든 근로자에게 지급되는 것뿐만 아니라 일정한 조건 또
는 기준에 달한 모든 근로자에게 지급되는 것도 포함하는 개념으로
서 일률적으로 지급되어야 통상임금이 될 수 있다. 일률적으로 지급
되는 것에는 모든 근로자에게 지급되는 것뿐만 아니라 일정한 조건
또는 기준에 달한 모든 근로자에게 지급되는 것도 포함된다.
일정한 조건 또는 기준은 작업내용이나 기술, 경력 등과 같이 소정
근로의 가치평가와 관련된 조건이어야 한다. 여기서 일정한 조건이

란 시시때때로 변동되지 않는 고정적인 조건이어야 한다.

고정성

고정성은 초과근로를 제공할 당시에 그 지급여부가 업적, 성과 기타 추가적인 조건과 관계없이 사전에 이미 확정되어있는 것으로 통상임금에 포함된다.

고정적 임금은 명칭을 묻지 않고 소정근로시간을 근무한 근로자가 그다음 날에 퇴직한다고 하더라도 근로의 대가로 당연하고도 확정적으로 받게 되는 최소한의 임금을 말하며, 이는 통상임금에 포함된다.

≫ 통상임금에 포함되는 임금의 범위

통상임금에 포함되는 임금의 범위는 다음의 예시에 따라 판단한다 (통상임금 산정지침 제5조의2 본문 및 별표).

소정근로시간 또는 법정근로시간에 대해 지급하기로 정해진 기본급 임금

법정근로시간이란 성인 근로자의 경우 1일에 휴게시간을 제외한 8시간, 1주에 휴게시간을 제외한 40시간(근로기준법 제50조), 15세 이상 18세 미만인 자의 경우 1일에 7시간, 1주일에 35시간(근로기준법 제69조 본문), 유해·위험작업에 종사하는 근로자의 경우 1일 6시간, 1주 34시간(산업안전보건법 제46조)을 말한다(통상임금 산정지침 제2조 제2호).

소정근로시간이란 법정근로시간의 범위에서 근로자와 사용자 간에 정한 근로시간을 말한다(통상임금 산정지침 제2조 제3호).

일·주·월 기타 1임금 산정기간 내의 소정근로시간 또는 법정근로시간에 대해 일급·주급·월급 등의 형태로 정기적·일률적으로 지급하기로 정해진 고정급 임금

⊙ 담당업무나 직책의 경중 등에 따라 미리 정해진 지급조건에 의해 지급하는 수당 : 직무수당(금융수당, 출납수당), 직책수당(반장수당, 소장수당) 등

⊙ 물가변동이나 직급 간의 임금격차 등을 조정하기 위해서 지급하는 수당 : 물가수당, 조정수당 등

⊙ 기술이나 자격·면허증 소지자, 특수작업종사자 등에게 지급하는 수당 : 기술수당, 자격수당, 면허수당, 특수작업수당, 위험수당

⊙ 특수지역에 근무하는 근로자에게 정기적·일률적으로 지급하는 수당 : 벽지수당, 한냉지 근무수당 등

⊙ 버스, 택시, 화물자동차, 선박, 항공기 등에 승무하여 운행·조종·항해·항공 등의 업무에 종사하는 자에게 근무일수와 관계없이 일정한 금액을 일률적으로 지급하는 수당 : 승무수당, 운항수당, 항해수당 등

⊙ 생산기술과 능률을 향상시킬 목적으로 근무성적과 관계없이 매월 일정한 금액을 일률적으로 지급하는 수당 : 생산장려수당, 능률수당 등

⊙ 그 밖에 이에 준하는 임금 또는 수당 : 통상임금에 포함되는지는 그 명칭만으로 판단해서는 안 되며, 통상임금의 의의, 근로계약·취업규칙·단체협약 등의 내용, 직종·근무형태, 지급관행 등을 종합적으로 고려해야 한다(통상임금 산정지침 제5조의2 단서).

임금명목	임금의 특징	통상임금의 해당여부
기술수당	기술이나 자격보유자에게 지급되는 수당(자격수당, 면허수당 등)	통상임금 ○
근속수당	근속기간에 따라 지급여부나 지급액이 달라지는 임금	통상임금 ○
가족수당	부양가족수에 따라 달라지는 가족수당	통상임금 × (근로와 무관한 조건)
	부양가족수와 관계없이 모든 근로자에게 지급되는 임금	통상임금 ○ (명목만 가족수당, 일률성 인정)
성과급	근무실적을 평가해서 지급여부나 지급액이 결정되는 임금	통상임금 × (조건에 좌우됨, 고정성 인정×)
	최소한도가 보장되는 성과급	그 최소의 한도만큼 통상임금 ○ (그만큼은 일률적, 고정적 지급)
상여금	정기적인 지급이 확정되어있는 상여금(정기상여금)	통상임금 ○
	기업실적에 따라 일시적, 부정기적, 사용자 재량에 따른 상여금(경영성과분배금, 격려금, 인센티브)	통상임금 × (사전 미확정, 고정성 인정×)
특정 시점 재직 시에만 지급되는 금품	특정 시점에 재직 중인 근로자에게만 지급받는 금품(명절 귀향비나 휴가비의 경우 그러한 경우가 많음)	통상임금 × (근로의 대가×, 고정성×)
	특정 시점이 되기 전 퇴직 시에는 근무 일수에 비례해서 지급되는 금품	통상임금 ○ (근무 일수에 비례해서 지급되는 한도에서는 고정성 ○)

Tip 400% 정기상여금의 통상임금 계산

사업장에서 지급하는 400% 상여금이 정기상여금이라면, 이는 2013.12.18.의 대법원 전원합의체의 판결에 의한 통상임금에 포함된다고 볼 수 있을 것이다. 상여금 400%를 통상임금에 산입한다면, 연간 상여금 총액을 12월로 나누어, 이를 통상임금 산정을 위한 월 소정근로시간으로 다시 나누어 계산함이 적절하다.

따라서 연간 고정상여금 4,180,000원을 12분할 한 348,333원(1월당 상여금 상당액)을 월 소정근로시간(1주 40시간 근무하는 경우, 209시간)으로 나눈 1,667원만큼 통상임금(시간급)의 증액 요인이 발생한다고 봄이 타당하다.

당초의 통상임금(시급) 5,000원 + 상여금 반영 분 통상임금(시급) 1,667원 = 6,667원

Tip 통상임금으로 지급하는 제 수당에 대한 관리방안

통상임금으로 지급해야 하는 제 수당 중 인건비 증가 부담에 있어서 가장 큰 비중을 차지하는 것은 연장·야간·휴일근로수당과 연차휴가 미사용 수당이므로 이에 대한 관리가 필요하다. 첫째, 연장·야간·휴일근로수당 관리를 위해서

• 포괄 임금제도를 법정 한도 내에서 최대한 가능 한도(연장근로 주당 12시간, 월 한도 52시간)까지 이용하거나

• 사무 관리직의 경우 연장·야간·휴일근로 시 취업규칙에 사전 승인제도를 규정화함으로써 연장·야간·휴일근로 시 사전 신청 및 승인된 근무에 대해서만 연장·야간·휴일근로로 인정하는 시스템적 보완이 필요하며

• 연장·야간·휴일근로와 관련해서 무엇보다 중요한 것은 관례적이고 윗사람의 눈치를 보고 퇴근하지 못하는 조직문화를 없애는 것이 중요하다고 사료 된다.

둘째, 연차유급휴가 미사용수당 관리를 위해서

근로기준법 제61조(연차유급휴가사용촉진) 제도 및 근로기준법 제62조(유급휴가의 대체) 제도의 활용과 연차휴가를 상시 상사의 눈치를 보지 않고 자유롭게 사용하는 특히, 연차휴가를 연속적으로 3~5일 사용해서 소진하는 등 자유스러운 휴가 사용문화를 구축하는 것이 중요하다고 사료 된다.

Tip 정기상여금, 명절(설, 추석)상여금, 여름휴가비, 자격수당, 가족수당

구 분	통상임금 여부
정기상여금	월, 분기, 반기, 연말, 명절 등 정기적으로 지급되는 상여금은 통상임금에 포함된다.
자격수당	일정한 자격을 갖춘 자에게만 지급되는 자격수당도 일률적으로 지급되는 것으로 통상임금에 해당할 수 있다.
가족수당	부양가족수와 관계없이 모든 근로자에게 지급되는 임금은 통상임금에 해당하지만, 부양가족 수에 따라 달라지는 가족수당은 통상임금에 해당하지 않는다.
명절(설, 추석) 상여금, 여름휴가비	특정 시점에 재직 중인 근로자에게만 받는 금품(명절 귀향비나 휴가비의 경우 그러한 경우가 많음)은 통상임금에 포함되지 않고, 특정 시점이 되기 전 퇴직 시에는 근무일수에 비례해서 지급되는 금품은 통상임금에 포함된다.
식대나 자가운전보조금	식대를 급여에 포함시켜 매월 일정액을 지급했고, 차량 소유자에게 자가운전보조금 명목으로 매월 일정액을 지급한 경우 이는 통상임금에 포함한다.

》 통상임금의 적용

통상임금은 평균임금의 최저한도 보장(근로기준법 제2조 제2항 : 산정된 평균임금이 그 근로자의 통상임금보다 적으면 그 통상임금액을 평균임금으로 한다.), 해고예고수당(근로기준법 제26조), 연장·야간·휴일근로수당(근로기준법 제56조), 연차유급휴가수당(근로기준법 제60조 제5항) 및 출산휴가급여(고용보험법 제76조) 등을 산정하는데 기초가 된다.

구 분	통상임금 여부
해고예고수당	통상임금의 30일분
연장·야간·휴일근로수당	통상임금의 50% 가산
연차유급휴가 미사용 수당	통상임금(또는 평균임금)의 100%

≫ 통상임금의 계산

시간급 통상임금의 계산

통상임금을 시간급 금액으로 산정할 경우는 다음의 방법에 따라 산정된 금액으로 한다(근로기준법 시행령 제6조 제2항).

❶ 시간급 금액으로 정한 임금은 그 금액

❷ 일급금액으로 정한 임금은 그 금액을 1일의 소정근로시간 수로 나눈 금액

$$시간급 통상임금 = 일급금액 ÷ 1일 소정근로시간수(8시간)$$

❸ 주급 금액으로 정한 임금은 그 금액을 주의 통상임금 산정 기준시간 수로 나눈 금액

주의 통상임금 산정 기준시간 수는 주의 소정근로시간과 소정근로시간 외에 유급으로 처리되는 시간을 합산한 시간을 말한다.

$$시간급 통상임금 = 주급 금액 ÷ (1주일 소정근로시간수 + 1일 주휴 시간수)$$
$$= 주급 금액 ÷ (1주일 소정근로시간수 × 120\%)$$

1. 주 5일 근무에 1일 무급휴일(일반적)

1주 = [(8시간 × 5일) + 8시간] = 48시간

2. 주 5일 근무에 1일 4시간 유급휴일

1주 = [(8시간 × 5일) + (8시간 + 4시간)] = 52시간

❹ 월급 금액으로 정한 임금은 그 금액을 월의 통상임금 산정 기준시간 수(주의 통상임금 산정 기준시간 수에 1년 동안의 평균주의 수를 곱한 시간을 12로 나눈 시간)로 나눈 금액

시간급 통상임금 = 월급 금액 ÷ 209시간

1. 주 5일 근무에 1일 무급휴일(일반적)

1월 = (40시간 + 주휴 8시간) × 52.14주 / 12월 = 208.6 또는

1월 = [48시간 × (365일 ÷ 12월 ÷ 7일)] = 209시간

2. 주 5일 근무에 1일 4시간 유급휴일

1월 = [52시간 × (365일 ÷ 12월 ÷ 7일)] = 226시간

구 분		토요일 유급시간수	기준근로시간수
휴 무	유급	4	226
		8	243
	무급	–	209
휴 일	유급	4	226
		8	243
	무급	–	209

❺ 일·주·월 외의 일정한 기간으로 정한 임금은 ❷부터 ❹까지에 준해서 산정된 금액

❻ 도급 금액으로 정한 임금은 그 임금 산정 기간에서 도급제에 따라 계산된 임금의 총액을 해당 임금 산정 기간(임금 마감일이 있는 경우에는 임금 마감 기간)의 총근로시간 수로 나눈 금액

❼ 근로자가 받는 임금이 ❶부터 ❻까지에서 정한 둘 이상의 임금으로 되어 있는 경우는 ❶부터 ❻까지에 따라 각각 산정된 금액을 합산한 금액

일급 통상임금의 계산

통상임금을 일급금액으로 산정할 때는 위의 산정방법에 따라 산정된 시간급 통상임금에 1일의 소정근로시간 수를 곱해서 계산한다(근로기준법 시행령 제6조 제3항).

> **? Tip**   평균·임금과 통상·임금 계산사례
>
> 2022년도 매월 월급 200만원(기본급 170만원, 직책수당 20만원, 연장근로수당 10만원), 상여금 연 기본급의 400%, 산정 사유 발생일 2023년 1월 1일
>
> ❶ 통상임금 : [(기본급 + 직책수당 + 정기상여금) ÷ 월 통상임금 산정기준시간수] × 8시간
>
> = (170만원 + 20만원 + 566,667원) ÷ 209시간 × 8시간 = 94,417.87원
>
> 💱 정기적 상여금 170만원 × 400% × 1/12 = 566,667원
>
> ❷ 평균임금 : 3월간 임금총액 ÷ 3월간 총일수
>
> = [(2022년 10월분 임금 + 11월분 임금 + 12월분 임금) + (직전 1년간 상여금× 3/12)] ÷ 92일
>
> = [(170만원 + 170만원 + 170만원) + (170만원 × 400% × 3/12)] ÷ 92일
>
> = (510만원 + 170만원) ÷ 92일 = 73,913.04원

04

연장·야간·휴일근로수당 계산방법

연장근로 시에는 수당을 추가로 받을 수 있다는 것이 법으로 정해져 있다.

그러나 현실적인 부분에서는 이 부분이 무시되고 있는 경우가 허다하다. 연장근로계약서 등이 없어 고정적인 월급 및 일급 또는 시급만을 받고 일하는 상황이다. 이는 직장을 잃을 것에 대한 두려움 때문이기도 하고, 수당계산에 대해 무지한 데서 오는 것이기도 하다. 따라서 입사 전 근로계약서를 반드시 작성하여 세부 사항을 논의하는 것이 바람직하고, 스스로 근무 일정과 수당 관련 사항을 숙지하는 것이 좋다.

우리나라 근로기준법 제50조 근로시간을 보면 1주간의 근로시간은 휴게시간을 제외하고 40시간을 초과할 수 없다고 명시되어 있다. 또 1일 근로시간은 휴게시간을 제외하고 8시간을 초과할 수 없다고도 되어 있다. 만일 근로시간을 초과하여 연장근로와 야간근로, 휴일근로를 할 경우는 통상임금의 50% 이상을 가산하여 지급해야 한다고 근로기준법 제56조에 나와 있다. 즉, 실근로시간이 1주 40시간을 초과하거나, 1일 8시간을 초과하면 연장근로에 해당한다. 무급휴무일인 토요일에 근무하였더라도 1주 40시간, 1일 8시간을 초과하지 않았다면 연장근로에 해당하지 않고 가산임금도 발생하지 않는다. 한편 무급휴무일은 근로자의 소정근로일이 아니므로 휴무일에 근로자를 근로시키기 위해서는 근로자와의 합의가 필요하다.

근무시간의 연장인 시간외근로는 근로기준법상 연장근로, 야간근로, 휴일근로로 나누어 판단할 사항이다.

참고로 5인 이상 사업장, 1주 소정근로시간 15시간 이상인 자에게 법적으로 그 지급이 강제되는 수당으로 시간외근무수당(연장근로수당, 야간근로수당, 휴일근로수당), 연차수당, 생리수당, 산전후휴가수당, 휴업수당, 주휴수당 등이 있다.

구 분	근로시간 판단 방법
기 본 용 어	• 일 소정근로시간 : 근로계약에 따라 정해진 1일 근로시간 • 통상시급 : 통상임금을 209시간으로 나눈 값
연장근무수당	일 8시간, 주 40시간 이상 근무할 경우 지급한다. • 5인 이상 사업장 : 통상시급 × 1.5배 × 연장근로 한 시간 • 5인 미만 사업장 : 통상시급 × 1배 × 연장근로 한 시간
휴일근무수당	근로제공 의무가 아닌 휴일에 근무할 경우 지급한다. • 5인 이상 사업장 : 통상시급 × 1.5배 × 휴일근로 한 시간 • 5인 미만 사업장 : 통상시급 × 1배 × 휴일근로 한 시간
야간근무수당	밤 10시부터 오전 6시 사이에 발생한 근로에 대해 지급한다.

구 분	근로시간 판단 방법
	• 5인 이상 사업장 : 통상시급 × 0.5배 × 야간근로 한 시간 • 5인 미만 사업장 : 가산임금이 없다. 야간근무인 동시에 연장근무인 경우는 "통상시급 × 2배(1.5배 + 0.5배) × 연장근로 한 시간" 값을 지급한다.

상시근로자 5인 미만 사업장은 제외된다.

모든 사업장에서 다 연장근로수당·야간근로수당 및 휴일근로수당을 받을 수 있는 것은 아니니 주의해야 한다.

상시근로자가 5인 미만(4인까지)인 사업장에서는 밤에 일하거나 휴일에 나와 일해도 가산임금을 받지 못한다.

그러므로 이것에 관심 있는 사람은 본인이 일한 또는 일했던 사업장의 상시근로자 수가 몇 명이나 되는지를 알아보아야 한다.

연장근로수당의 지급요건, 금액, 계산사례

연장근로란 1일 8시간 이상 근무하거나 1주 40시간 이상 근무하는 경우를 말한다.

연장근로를 하는 경우는

첫째, 당사자 간의 합의에 의해야 하고,

둘째, 1주일에 12시간을 한도로 해야 하며,

셋째, 통상임금의 50% 이상을 가산하여 수당으로 지급해야 한다.

즉, 연장근로의 경우 통상임금의 1.5배를 지급해야 한다.

수 당	법정수당	시 간 외 근 로 수 당	연장 근로 수당	1일 8시간 이상 근무하거나 1주 40시간 이상 근무하는 경우 → 통상임금의 50%를 가산임금으로 추가 지급한다.
			야간 근로 수당	하오 10시(22시)부터 오전 06시까지의 근로를 제공한 경우 → 통상임금의 50%를 가산임금으로 추가 지급한다.
			휴일 근로 수당	휴일날 근로를 제공한 경우 → 통상임금의 50%를 가산임금으로 추가 지급한다.(8시간 초과는 100%)
		연 차 수 당		연차휴가를 사용하지 않은 경우 → (통상임금 ÷ 209시간) × 8시간 × 연차일수로 계산 📌 1년 미만 근속자로 1월 개근의 경우 1일의 연차휴가를 주어야 한다.

[근속연수별 연차휴가 산정 예(주 40시간)]

1년	2년	3년	4년	5년	10년	15년	20년	21년	25년
15일	15일	16일	16일	17일	19일	22일	24일	25일	25일

	비법정 수 당	법적으로 강제적으로 지급할 의무는 없으나 회사규정이나 관행상으로 지급되는 수당을 말한다.

[시간외수당 적용을 위한 근로시간의 범위]

	09	10	11	12	13	14	15	16	17	18	19	20	21	22~06
평일	8시간 근무(점심시간 1시간 제외)									연장시간근로(1.5배)				
														야간시간근로(0.5배)
휴일	휴일근무(점심시간 1시간 제외)(1.5배)								휴일 연장시간근로(8시간 초과, 2배)					
														야간시간근로(0.5배)

📌 연장근로 및 야간근로 시에도 저녁 식사 시간 1시간은 제외 가능

📌 연장근로 12시간 = 연장근로 + 휴일근로다. 다만, 30인 미만 기업은 2022년까지 주중 12시간과 휴일근로 8시간을 합해 총 20시간의 연장근로가 가능하다.

그리고 수당과 관련해서는 휴일근로도 연장근로와 동일하게 50%의 가산임금을 지급한다. 다만, 8시간 초과분에 대해서는 휴일 연장근로로 100%의 가산임금을 지급한다.

일·숙직근무는 일·숙직 근무내용이 평상시 근로의 내용과 같다면, 연장근로로 인정되어 연장근로수당을 지급해야 하나 사무직에 종사하는 사람이 숙직근무를 하는 경우로서 평상시 근로의 내용과 상이한 경우에는 숙직시간에 대한 연장근로수당을 지급하지 않아도 된다. 또한, 근로자가 지각해서 지각한 시간만큼 연장근무를 시킨 경우 비록 지각한 시간에 대해서는 급여에서 공제할 수 있으나 연장근로시간에 대한 연장근로수당은 지급해야 한다.

회사는 채용 시 근로자에게 근로시간 09시부터 20시까지(토요일은 무급휴무일이고, 일요일은 휴일), 연장근로시간을 제외한 월급은 200만 원이다. 이 경우 A회사가 지급해야 할 연장근로수당의 합계액은?

해 설

1. 1일 실제 근로시간 : 10시간(중식 및 휴게시간 포함 1시간 공제)
2. 1주 실제 근로시간 : 10시간 × 5일 = 50시간
3. 1주 연장근로시간 : 10시간
4. 월 연장근로수당 : 200만원/209 × 43.45시간(10시간 × 약 4.345주) × 1.5 = 623,690원

야간근로수당의 지급요건, 금액, 계산사례

야간근로란 하오 10시(22시)부터 오전 06시까지의 근로를 말한다. 임신 중인 여성이거나 18세 미만자의 경우 특히 야간근로가 금지되어 있으나 업무의 특성에 따라 여성 근로자 본인의 동의와 고용노동부장관의 인가를 받으면 가능하다.

야간에 근로했을 경우는 주간보다 육체적 피로가 가중되기 때문에 이에 대해서 통상임금의 50%를 가산해서 지급해야 한다.

임금 200만 원을 받는 근로자가 근로시간 09시부터 17시까지 근무하기로 계약을 한 후, 18시부터 24시까지 근무한 경우 1일 지급해야 하는 수당은?

 설

1. 1일 연장근로시간 : 6시간(18시부터 24시까지)
2. 1일 야간근로시간 : 2시간(22시부터 24시까지)
3. 연장근로 임금 : 200만 원/209 × 6시간 × 1배 = 57,416원
4. 1일 연장근로 가산수당 : 200만 원/209 × 6시간 × 0.5배 = 28,708원
5. 1일 야간근로 가산수당 : 200만 원/209 × 2시간 × 0.5배 = 9,569원
6. 임금 합계 : 95,693원

구 분	중복 적용 가능
연장근로	오후 10시(22시)부터 다음날 오전 06시까지 연장근로와 야간근로의 중복 적용이 가능하다.
야간근로	

휴일근로수당의 지급요건, 금액, 계산사례

휴일이란 주유급휴일(1주일에 근무하기로 정해진 날을 개근할 경우 부여되는 유급휴일, 통상 일요일인 경우가 많다)외에 취업규칙이나 단체협약상 휴일(무급휴일, 유급휴일)로 정해진 날, 관공서의 공휴일에 관한 규정에 따른 공휴일, 일요일을 제외한 공휴일, 근로자의 날(5월 1일)을 말한다. 따라서 휴일근로수당은 주휴일(일요일) 근로는 물론 관공서의 공휴일에 관한 규정에 따른 공휴일(흔히 빨간 날), 단체협약이나 취업규칙에 의해서 휴일로 정해진 날 근로의 경우에도 지급되어야 한다.

주 5일제 사업장의 경우 일반적으로 토요일은 무급휴무일, 일요일은

유급휴일에 해당한다. 따라서 토요일에 근로를 제공한다고 해서 별
도의 휴일근로수당이 발생하는 것은 아니고, 일요일 근로에 대해서
만 휴일근로수당이 발생한다.

구 분	휴일근로수당
유급휴일근로	휴일근로에 대한 임금(100%) + 휴일근로에 대한 가산임금(50%)이 지급된다. 다만, 8시간 초과의 경우 8시간 초과 시간당 가산수당은 100%이다. • 일요일에 8시간을 일했으면 통상임금의 150% 　8시간까지 = 휴일근로임금(100%) + 가산임금(50%) • 일요일에 8시간을 초과해서 일했으면 200% 　휴일근로임금(100%) + 8시간분 가산임금(50%) + 8시간 초과 　분(총근무시간 – 8시간) 가산임금(50%)
무급휴일근로	무급휴일 근로에 대한 임금(100%) + 휴일근로에 대한 가산임금(50%)이 지급된다.

사례

시급 10,000원인 근로자가 주유급휴일에 8시간 근로한 경우 받을 수 있는 임
금은?

해설

1. 10,000원 × 8시간 : 80,000원(유급휴일에 근무하지 않아도 지급되는 임금)

월급제 근로자는 월급에 주유급휴일 수당이 포함되어 있다고 보므로 동 금액은 일반
회사의 경우 추가로 지급해야 하는 금액이 아니다. 다만, 아르바이트나 시급제 근로자
의 경우 하루 단위로 급여를 계산해서 받는 경우가 일반적이므로, 아르바이트 일당이
나 시급제 근로자 일당에 주휴수당이 포함되어 있지 않다고 보아, 휴일근로 시 동 금

액을 추가로 지급해야 한다.

2. 10,000원 × 8시간 : 80,000원(유급휴일 근로에 대한 대가)

3. 10,000원 × 8시간 × 50% : 40,000원(휴일근로 가산임금)

4. 임금합계 : 200,000원(월급제 근로자는 120,000원)

구 분	휴일근로 시 받는 임금
월급제 근로자	휴일근로에 따른 임금(100%) + 가산임금(50%) 월급제의 경우 월급에 이미 주휴수당 1일분이 포함되어 있으므로 아르바이트와 달리 주휴수당 100%를 추가 지급하지 않는다.
아르바이트, 시급제 근로자	월급에 포함되지 않은 주휴수당 임금(100%) + 휴일근로에 따른 임금(100%) + 가산임금(50%)

 Tip 시간의근로수당(•연장근로, •야간근로, 휴•일근로)의 계산 절차

✔ 매달 고정적으로 받는 모든 금액(통상임금)을 더한다.

• 기본급, 직책수당, 직무수당 등 매달 고정적으로 명세서에 찍히면 포함

• 식대나 교통비 등은 실비변상적인 금액(영수증 첨부하는 등)이면 제외하고, 전 직원 공통(예 : 식대 10만)으로 지급되면 포함

• 상여금 등 기타 논란이 되는 항목은 회사 규정이나 근로계약서를 확인해야 함

✔ 통상임금을 더한 금액을 209로 나눈다(시급계산).

• 209는 하루 8시간 근무하는 사람의 한 달 평균 유급 근로시간을 의미한다.

   (하루 8시간 X 5일 = 주 40시간) + 주휴일 8시간 = 주48시간 X 4.345주 = 약 209시간

• 4.345주는 4주인 달도 있고 5주인 달도 있어 1년 평균한 것임

• 주휴수당은 월급제의 경우 포함되어 있는 것으로 계산하므로 별도로 청구할 수 있는 것은 아니다.

✓ 통상시급을 연장근로 시 1.5배, 야간근로 시 2배, 휴일근로 시 1.5배 가산한다.

- 연장근로수당 계산 방법

  하루 8시간 이상 근로 시 1.5배

  원래 임금 100% + 연장근로수당 50% = 총 150%

- 야간근로수당 계산 방법(연장근로와 중복 적용 시)

  밤 10시부터 다음날 오전 6시까지 근무 시 2배

  원래 임금 100% + 연장근로수당 50% + 야간근로수당 50% = 총 200%

- 휴일근로수당 계산 방법

  일요일(주휴일) 근무 시 통상시급의 1.5배

  원래 임금 100% + 휴일근로수당 50% = 총 150%

? Tip 휴일, 연장, 야간근로 중복 시 가산임금 계산 공식(방법)

일요일에 8시간을 일했으면 통상임금의 150%

일요일에 8시간 초과 일했으면 200%의 수당을 지급받는다.

여기서 휴일근로수당 중복할증이 있는데, 주중에 40시간 이상을 근무한 근로자가 휴일에 일하면 기본 수당(통상임금의 100%)에 휴일근로수당(50%)과 연장근로수당(50%)을 각각 더해 200%를 지급받게 된다. 즉, 주 40시간을 초과하는 8시간 이내의 휴일근로에 대해서는 통상임금의 150%, 8시간을 초과에 대해서는 200%를 지급하게 된다.

예시1 평일에 연장, 야간근로 시 법정수당 계산 방법

시간	근로의 대가	연장	야간	합계
18:00~22:00	100%	50%	-	150%
22:00~06:00	100%	50%	50%	200%
06:00~09:00	100%	50%	-	150%

평일의 수당계산 = ❶ + ❷ + ❸ (단, (−)가 나오는 경우 0으로 처리한다.)
❶ [(총근무시간 − 총 휴게시간) × 통상시급]
❷ [(총근무시간 − 8시간 − 총 휴게시간) × 통상시급 × 50%]
❸ [(22시~06시까지의 근로시간 − 22시~06시 사이의 휴게시간) × 통상시급 × 50%]

구분	시간	누적시간	비고
① 근무시간	00:00~24:00	24시간	
② 휴게시간	03:00~04:00		야간근로시간에 1시간 이 들어있다고 가정
	12:00~13:00	3시간	
	18:00~19:00		
③ 근무시간	−	21시간	①−②
최저임금			8,720원
100%	정상 근로	21시간	183,120원
50%	연장 가산	13시간	56,680원
50%	야간 가산	7시간	30,520원
	임금합계		270,320원

예시2 휴일에 연장, 야간근로 시 법정수당 계산 방법

시간	근로의 대가	휴일	휴일연장	야간	합계
09:00~18:00	100%	50%	−	−	150%
18:00~22:00	100%	50%	50%	−	200%
22:00~06:00	100%	50%	50%	50%	250%
06:00~09:00	100%	50%	50%	−	200%

휴일의 수당계산 = ❶ + ❷ + ❸ + ❹ (단, (−)가 나오는 경우 0으로 처리한다)

❶ [(총근무시간 − 총 휴게시간)] × 통상시급)

❷ [(총근무시간 − 총 휴게시간) × 통상시급 × 50%]

❸ [(총근무시간 − 8시간 − 총 휴게시간) × 통상시급 × 50%]

❹ [(22시~06시까지의 근로시간 − 22시~06시 사이의 휴게시간) × 통상시급 × 50%]

구분	시간	누적시간	비고
① 근무시간	00:00~24:00	24시간	
② 휴게시간	03:00~04:00		야간근로시간에 1시간
	12:00~13:00	3시간	이 들어있다고 가정
	18:00~19:00		
③ 근무시간	−	21시간	①−②
최저임금			8,720원
100%	정상 근로	21시간	183,120원
50%	휴일 가산	21시간	91,560원
50%	휴일연장 가산	13시간	56,680원
50%	야간 가산	7시간	30,520원
임금합계			361,880원

Tip 토요일 근무 형태에 따른 임금 지급 방법

구분	토요일 근무 성격	근로미제공시	근로제공시
무급휴무일	연장근로	0%	임금 100% + 연장근로 할증 50%
유급휴무일	연장근로	유급 100%	유급 100% + 임금 100% + 연장근로 할증 50%

구분	토요일 근무 성격	근로미제공시	근로제공시
무 급 휴 일	휴일근로	0%	임금 100% + 휴일근로 할증 50%
유 급 휴 일	휴일근로	유급 100%	유급 100% + 임금 100% + 휴일근로 할증 50%

토요일을 '휴일'로 할 것인지 아니면 단순히 근로의무가 면제된 '무급휴무일'로 할 것인지는 취업규칙 또는 단체협약 등으로 정할 수 있다. 일반적으로 실무에서는 토요일을 무급휴무일로 많이 설정하며, 고용노동부에서도 토요일에 대하여 아무런 설정을 하지 않은 경우 무급휴무일로 이해하고 있다. 다만, 주중 (월~금) 발생한 연장근로가 12시간에 육박하는 경우는 토요일에 발생하는 근무를 연장근로로 처리할 수 없으므로 무급휴일로 설정하여 휴일근로로 처리하고 있다.

 Tip 포괄임금제 계약을 하면 연장, 야간 근로수당은 별도로 안 줘도 되나?

일정한 금액을 임금으로 지급하기로 약정하고, "이 금액은 야간, 연장, 유급주휴일 등 기타 금액을 모두 포함한 것으로 한다." 라고 정하는 것을 포괄임금제라고 한다.

포괄임금계약을 했다고 해서 시간과 관계없이 모든 연장근로수당이 다 포함되는 것은 아니다. 근로계약서가 있다면 계약한 문서에 적혀있는 근로시간을 기준으로 판단해야 하며, 그 시간을 초과한 경우에 대해서는 추가수당을 지급해야 한다. 즉, 실제 연장근로 등에 따라 산정된 금액이 미리 지급된 금액보다 많은 경우 그 차액은 지급해야 한다.

따라서 포괄임금제를 시행하는 경우, 포괄임금제에 따른 근로계약이 유효하게 성립되었음을 입증할 수 있는 서류(취업규칙, 근로계약서)를 구비해야 한다.

- 포괄연봉제라 하더라도 약정한 법정 제 수당을 법정 기준 미만으로 지급하는 것은 위법이다. 따라서 약정된 연장 · 야간 · 휴일근로시간을 초과하는 실제 근로자가 있는 경우에는 그 초과분을 별도로 지급해야 한다.
- 근로자와 합의에 의해서 법정 제 수당을 포함하는 포괄임금제를 시행했다면 별도의 연장 · 야간 · 휴일 및 휴가수당을 지급할 의무는 없다(임금 68207-586, 1993.09.16).

- 미리 정해진 근로시간에 따라 지급되는 임금이 실제 근로시간에 따른 임금을 상회하고 단체협약이나 취업규칙에 비추어 근로자에게 불이익이 없다면 이러한 방법의 임금 지급도 무방하다(임금 68207-388, 1993.06.18).
- 미사용 연차유급휴가보상금을 월급여액에 포함해서 미리 지급하는 근로계약을 체결하고 휴가사용을 허가하지 않는 것은 인정될 수 없다(근로기준과-7485, 2004.10.19).

? Tip 어느 회사나 휴·야근로수당을 받을 수 있는 날은?

어느 회사나 법적으로 가산수당을 받을 수 있는 날은 '법정휴일'이다. 즉, 주휴일 및 근로자의 날에 근무했을 경우 가산수당을 받을 수 있다. 단체협약, 취업규칙 등에 노동자와 사용자 간 협의가 있을 경우는 약정휴일 및 공휴일에도 가산수당을 받을 수 있다. 따라서 법정휴일 외에 자신이 가산수당을 받을 수 있는지? 여부에 대해서는 회사의 규정을 확인해 보아야 한다.

? Tip 시급제와 월급제의 초과근무수당 계산차이

1. 연장근로수당(야간근로시간 포함)
= (통상시급 × 총 연장근로시간 × 1.5) + (통상시급 × 순수 야간근로시간 × 0.5)
예를 들어 총 6시간 연장근로 중 2시간의 야간근로가 있는 경우
= (통상시급 × 6시간 × 1.5) + (통상시급 × 2시간 × 0.5)

2. 휴일근로수당(야간근로시간 포함)

구 분	월급제	시급제
근무를 안 한 경우	0%(유급 휴일수당은 월급에 이미 포함된 것으로 봄)	100%(유급 휴일수당)
근무한 경우	100%(휴일근로 임금) + 50%(휴일근로 가산임금)	100%(유급휴일 분) + 100%(휴일근로 임금) + 50%(휴일근로 가산임금)

월급제 근로자	시급제 · 일급제 근로자
① 또는 ② 총 근무시간이 휴게시간을 제외하고 8시간까지인 경우 ①로 계산하고, 총 근무시간이 휴게시간을 제외하고 8시간을 넘는 경우 ②로 계산한다.	
① 8시간까지 : 통상시급 × 150% × 총 근무시간 ② 8시간 초과한 때 : (통상시급 × 150% × 총 근무시간) + (통상시급 × (총 근무시간 − 8시간) × 50%)	① 8시간까지 : 유급휴일 분(8시간) 100% + 통상시급 × 150% × 총 근무시간 ② 8시간 초과한 때 : 근로하지 않아도 받는 1일 임금(8시간) 100% + (통상시급 × 150% × 총 근무시간) + (통상시급 × (총 근무시간 − 8시간) × 50%)
실제 지급액 = 위에서 ②를 적용 (10,000원 × 150% × 10시간) + (10,000원 × (10시간 − 8시간) × 50%) = 16만 원	실제 지급액 = 위에서 ②을 적용 (10,000원 × 8시간) + (10,000원 × 150% × 10시간) + (10,000원 × (10시간 − 8시간) × 50%) = 24만 원

+

(통상시급 × 순수 야간근로시간 × 0.5)

예를 들어 시급 1만원에 총 10시간 휴일근로 중 2시간의 야간근로가 있는 경우
- 월급제인 경우

= (10,000원 × 10시간 × 1.5) + (10,000원 × (10시간 − 8시간) × 0.5) + (10,000원 × 2시간 × 0.5) = 17만 원
- 시급제인 경우

= (10,000원 × 8시간) + (10,000원 × 10시간 × 1.5) + (10,000원 × (10시간 − 8시간) × 0.5) + (10,000원 × 2시간 × 0.5) = 17만 원

Tip 철야 근무 때 *연장근로수당* 또는 휴*일근로수당* 계산

행정해석상 원칙은 그 근로가 시작된 날을 기준으로 판단한다고 하고 있다.

휴일에 출근해 익일까지 근로한 경우 익일의 시업시간 이전(다음날 09시)의 근로는 휴일의 근로에 해당하며, 정상 근로가 휴일로 이어지는 경우 익일의 시업시간 이전의 근로는 휴일근로가 아닌 전일 근로의 연장에 해당한다. 즉 익일 시업시간 이후의 근로는 전일근로의 연장으로 보지 않는다(근기 68207-402, 2003.3.31. 및 근로개선정책과-4304, 2012.8.25.)

예를 들어 토요일 09시에 출근해 다음 날 오후 12시까지 근무가 이어질 때는 토요일 09시부터 일요일 09시 전까지는 토요일 연장근로에 해당하고, 일요일 09시~12시까지는 휴일근로로 본다. 물론 22시~다음날 06시까지의 근로는 야간근로수당을 별도로 지급해야 한다.

[토요일에서 일요일까지의 철야 근무]

	시간	월급제	시급제
토 요 일	09시~22시	연장근로(150%)	연장근로(150%)
	22시~06시	연장근로(150%) + 야간근로(50%)	연장근로(150%) + 야간근로(50%)
일 요 일	06시~09시	연장근로(150%)	연장근로(150%)
	09시~	8시간 이내(150%) = 휴일근로(150%)	8시간 이내(250%) = 유급휴일 분(100%) + 휴일근로(150%)
		8시간 초과(200%) = 휴일근로(150%) + ((총 근무시간 - 8시간) × 50%)	8시간 초과(300%) = 유급휴일 분(100%) + 휴일근로(150%) + ((총 근무시간 - 8시간) × 50%)
		야간근로는 포함하지 않았으므로 야간근로가 발생하는 경우 50%를 가산한다.	

위 계산은 휴게시간을 무시한 것이므로, 휴게시간이 있는 경우 해당 범위에서 휴게시간을 차감한다.

05

연차휴가를 받을 수 있는
필수조건 3가지

발생한 연차휴가를 실제로 부여받기 위해서는 다음의 3가지 조건을
모두 충족해야 한다.

 상시근로자 수 5인 이상 사업장이어야 한다.

》 연차휴가 적용 대상은 근로자여야 한다.

연차휴가는 상시근로자 수 5인 이상 사업장에 적용이 되며, 5인 미
만 사업장은 적용 대상이 되지 않는다. 따라서 상시근로자 수 5인
미만 사업장은 근로기준법상 연차휴가를 받을 수 없다.

그러나 5인 미만 사업장이라도 근로계약서에 '연차유급휴가'라는 문
구를 사용하여 '1년 근속할 때마다 15개씩 부여한다'와 같이 '근로기
준법상 연차휴가제도'가 연상되는 내용을 기재한 경우는 연차휴가를
주어야 한다. 이를 약정휴가라고 한다.

그리고 2022년부터 관공서의 공휴일 흔히 빨간 날에 민간인도 쉬는 날이 되었으므로 빨간 날 쉰다고 연차휴가로 대체하면 위법이다.

참고로 상시근로자 수 5인 미만 사업장은 처음부터 연차휴가가 없으므로 빨간 날 쉰다고 연차로 대체하는 개념 자체가 성립하지 않는다.

구 분	연차휴가 적용
5인 이상 사업장	적용
5인 미만 사업장 (또는 4인 이하 사업장)	적용 안 됨. 단 근로계약서에 연차휴가를 주는 것처럼 계약한 경우는 적용

≫ 임원도 연차휴가를 줘야 하나?

형식상 임원일 뿐이며 실제 근로자와 유사한 지위에 있다면 근로기준법상 연차휴가를 줘야 한다. 반면 근로자에 해당하지 않으면 회사 자체 규정에서 연차휴가를 준다는 규정이 있지 않으면 주지 않아도 된다. 결과적으로 규정이 없다면 지급할 이유가 없다.

연차휴가는 근로기준법상 근로자가 청구할 수 있는 것이므로, 원칙적으로 회사의 업무집행권을 가진 이사 등 임원은 회사와 근로계약 관계에 있지 않으므로 근로자라 볼 수 없다.

판례에서는 등기임원의 경우 형식적, 명목적인 이사에 불과하다는 것과 같은 특별한 사정이 존재하지 않는 한 근로자성을 부인하는 입장이며, 비등기임원의 경우 상법상 기관으로써의 권한이 없다는 점에서 대표이사 등의 지휘·감독하에 일정한 노무를 담당하고 그 대가로 일정한 보수를 지급받는 관계에 있다고 보아 근로자성을 인정하는 입장이다(대법 2000.9.8., 2000다22591).

따라서 임원이 업무집행권을 가지는 대표이사 등의 지휘·감독 하에 일정한 노무를 담당하면서 그 노무에 대한 대가로 일정한 보수를 지급받아 왔다면, 그 임원은 근로기준법상 근로자에 해당할 수 있으며, 연차휴가 미사용수당을 청구할 수 있다.

구 분	임원의 연차휴가 적용
등기임원	회사 자체적으로 규정을 두고 있지 않으면 법적으로는 연차휴가를 부여할 의무가 없다.
비등기임원	판례상으로 근로자로 인정하고 있으므로 연차휴가를 부여한다.

1월 개근 또는 1년간 80% 이상 개근해야 한다.

1년 미만 근로시 발생하는 월 단위 연차는 1월을 개근해야 하고, 1년 이상 근로시 발생하는 연 단위 연차는 1년에 80% 이상을 개근해야 한다.

구 분	연차휴가 발생요건
월단위 연차휴가	1달간 출근일수의 100%를 개근해야 한다.
연단위 연차휴가	1년간 출근일수의 80%를 개근해야 한다.

≫ 출근일수 계산

근로기준법 제60조에서 말하는 연차휴가의 발생기준이 되는 날은 소정근로일수를 기준으로 100%(80%)를 판단한다.

당부하고자 하는 것은 연차를 1년 미만과 1년 이상을 서로 섞어서 생각하지 말고, 1년 미만 분은 1년 미만 분대로, 1년 이상분은 1년 이상 분대로 따로따로 계산해서 합치라는 것이다. 이를 섞어서 한꺼번에 생각하면 복잡해져서 체계가 안 잡힌다.

소정근로일이란 회사가 근로하기로 정한 날 또는 노사가 합의하여 근로하기로 정한 날이다.

연간 소정근로일수에 대한 출근율을 산정할 때 연간 365일 중 어떤 일수를 소정근로일수로 포함해야 하는가에 대하여 많은 문의가 있다.

365일 중 주휴일(통상적으로 일요일), 무급휴무일(통상적으로 토요일), 근로자의 날, 비번일, 약정휴일 등은 근로제공 의무가 없으므로 소정근로일수에서 제외된다. 따라서 근로제공 의무가 없는 날을 제외하고 실제 근로일을 기준으로 개근 여부를 판단한다.

출근율을 계산하는 방법

$$출근율 = \frac{출근일수}{소정근로일수}$$

소정근로일수란 당초 근무하기로 정한 날 즉, 근로자가 실제 출근을 해야 했던 날을 말하며, 법정휴일(주휴일 및 근로자의 날) 및 약정휴일(취업규칙 등에서 정한 휴일) 등을 소정근로일수에서 제외된다.

구 분	항 목
아예 소정근로일수 자체에서 빼는 경우	• 무급휴무일(통상 무급토요일) • 주휴일(통상 일요일) • 근로자의 날(노동절) • 법정휴일(빨간 날) 및 대체공휴일 • 약정휴일(노사가 약정하여 휴일로 정한 날) • 기타 이에 준하는 날
소정근로일수에 포함하며 출근한 것으로 보는 경우	• 업무상 부상 또는 질병으로 휴업 • 출산전후휴가, 유·사산 휴가, 배우자출산휴가, 난임치료휴가 • 육아휴직(2018년 5월 29일부터) • 임신기 근로시간 단축, 육아기 근로시간 단축 • 가족돌봄휴가, 가족돌봄 등을 위한 근로시간 단축 • 예비군, 민방위 훈련 기간 • 공민권 행사를 위한 휴무일 • 연차유급휴가, 생리휴가 등 허락된 휴가기간 • 부당해고기간(대법원) • 불법 직장폐쇄기간 • 근로시간 면제자(타임오프) 활동 기간(노조활동)
소정근로일수와 출근일수에서 모두 제외되는 기간(근로제공 의무가 없는 기간)	• 사용자의 귀책 사유로 인한 휴업기간 • 경조휴가 등 약정휴가 • 육아휴직(2018년 5월 28일까지) • 가족돌봄휴직 • 예비군 훈련 중 발생한 부상에 대한 치료기간 • 부당해고기간(고용노동부) • 적법한 쟁위행위 기간 • 노동조합 전임기간 • 정년퇴직예정자의 공로연수기간(위로휴가기간), 업무상 필요 에 의한 해외연수기간

구 분	항 목
소정근로일수에 포함하되 결근한 것으로 보는 경우	• 무단결근 • 개인적인 사정으로 인한 휴직(질병 휴직 제외) • 정당한 정직기간, 강제휴직, 직위해제기간 • 불법 쟁위행위 기간

소정근로일수는 아래와 같은 방법으로 12월까지 계산해 합산하면 된다.

월	총일수	토요휴무일	주휴일	휴일	소정근로일수
1월	31	4	4		23
2월	28	5	4	1	18

》 개근의 판단

개근의 반대인 결근은 하루 전체를 출근하지 않는 경우를 말한다. 즉 하루 근무시간 중 일부가 빠지는 지각, 조퇴, 외출 등은 결근으로 보지 않는다. 따라서 지각했다고 개근하지 않은 것은 아니다.

 다음날 출근이 예정되어 있어야 한다.

1월 개근 또는 1년간 80% 이상 개근 시 발생하는 연차휴가를 실제로 부여받으려면 다음 날 근로가 예정되어 있어야 한다.

즉 1월 개근 및 1년 80% 이상 개근 여부를 판단하는 단위 기준은 1개월 또는 1년이다. 하지만 단위 기준이 되는 기간을 다 채웠다고 무조건 연차휴가를 부여받는 것이 아니라 다음날 근로가 예정되어 있어야 한다. 따라서 1월 + 1일 또는 1년 + 1일을 근무해야 발생한 연차휴가를 실제로 부여받을 수 있다. 딱 1월 또는 딱 1년(365일)만 근무하는 경우 연차휴가를 받을 수 없다.

구 분	판단기준	출근율	실제부여일	사용가능일
월단위 연차휴가	7월 1일 ~ 7월 31일	100%	8월 1일 근무시 부여	8월 1일부터 사용은 가능하나 8월 1일에 연차휴가를 사용하고 퇴사하는 경우는 안 됨
연단위 연차휴가	1월 2일 ~ 다음 해 1월 1일	80%	다음 해 1월 2일까지 근무시 부여	1월 2일부터 사용은 가능하나 1월 2일부터 연차휴가를 사용하고 퇴사하는 경우는 안 됨

06
연차휴가 일수 계산과
연차수당 지급액 계산

 입사 1년 미만 근로자에 대한 연차휴가와 연차수당

≫ 연차휴가의 계산방법

2017년 5월 29일 입사자까지는 다음연도에 입사 1년 차로 발생하는 총 15일의 연차에서, 입사 1년 미만 기간동안 발생한 연차휴가 중 사용한 일수를 차감했다. 즉, 매월 발생한 휴가를 모두 사용하여 11일의 휴가를 사용하였다면 2년 차에 사용할 수 있는 휴가일수는 4일(15일 – 11일)밖에 되지 않았다.

그러나 2017년 5월 30일 입사자부터는 앞서 설명한 바와 같이 1월 개근 시 1일의 연차가 발생해 1년에 총 11일의 연차가 발생한 상태에서 연차휴가를 매월 사용하여 11일의 휴가를 모두 사용하였다고 해도, 입사 1년 차로 발생하는 15일의 연차에서 이를 차감하지 않는다. 따라서 입사 후 1년간 근무를 하면 입사 1년 미만 기간동안 발생한 연차휴가를 사용하지 않는 경우 2년 차에 최대 26일(1년 미만 연차사용 촉진 시 15일)의 연차휴가를 사용할 수 있다.

≫ 연차수당의 계산 방법

입사 후 1년간은 1개월 개근 시 매월 1일의 연차휴가가 총 11일이 발생한다. 2020년 3월 31일 발생분부터는 입사일로부터 1년 안에 연차휴가를 모두 사용(3월 30일 발생분까지는 발생한 순서대로 1년 안에 사용)해야 하고, 미사용 연차에 대해서 연차휴가 사용 촉진을 한 때는 1년이 되는 시점에 미사용 연차휴가가 소멸한다. 반대로 미사용 연차에 대해서 연차휴가 사용 촉진을 안 한때는 이를 수당으로 지급한다.

예를 들면, 1월 1일 입사자의 경우 1년간 최대 11개(2월 1일~12월 1일)의 연차휴가가 발생하며, ❶ 연차휴가 사용 촉진도 안 하고 ❷ 근로자가 사용도 하지 않았다면 1년이 지난 시점에 연차수당을 지급한다.

📋 입사 2년차부터 연차휴가와 연차수당

원칙	예외
입사일 기준	회계연도기준

≫ 입사일 기준 연차휴가의 계산방법

1주간 기준근로시간이 40시간인 경우 사용자는 근로자가 1년간 80%(출근율)이상 출근 시 15일의 연차유급휴가를 주어야 한다. 다만, 1년간 80% 미만 출근 근로자에 대해서도 1개월 개근 시 1일의 연차유급휴가를 부여한다(근기법 제60조).

- 1년 미만 근로자는 1월 개근 시마다 1일 발생
- 1년 이상 근로자는 1년간 80% 미만 출근 시 1월 개근 시마다 1일 발생
- 1년 이상 근로자는 1년간 80% 이상 출근 시 15일 발생
- 근속 2년당 가산휴가 1일(25일 상한) : 1년과 2년 15일, 3년과 4년 16일……
- 연차휴가사용촉진제도 : 휴가를 사용하지 않았을 때는 연차휴가사용촉진. 연차휴가 사용촉진 후 미사용 시는 연차휴가가 소멸하고, 연차휴가사용촉진을 안 한때는 수당으로 지급해야 한다.
- 연차휴가는 발생한 날까지 근무해야 실제로 부여받을 수 있으며, 발생한 날 퇴사 때는 부여받지 못한다. 즉 1개월 + 1일 또는 1년 + 1일이 되어야 부여된다.

구 분		연차휴가 발생
1년 미만 근속한 자 또는		1월간 개근 시 1일의 유급휴가가 발생하고, 다음 날 근무가 예정되어 있는 경우 부여된다. 1년간 80% 미만 출근한 연도도 1년이 경과한 것으로 본다.
1년 이상 근속한 자	1년간 80% 미만 출근	
	1년간 80% 이상 출근	1년간 80% 이상 출근 시 15일의 연차휴가가 발생하고, 2년마다 1일의 추가 연차휴가 발생(총 25일 한도)한다.

예시 발생한 연차휴가는 다음날 근로가 예정되어 있는 경우 부여된다. 따라서 1개월 + 1일 또는 1년 + 1일(366일)이 되어야 발생한 연차휴가가 실제로 부여된다.

1년	2년	3년	4년	5년	10년	15년	20년	21년
15일	15일	16일	16일	17일	19일	22일	24일	25일

월 단위의 연차휴가 자동 계산 방법

월 단위 연차휴가 일수 = 근무개월 수 − 1일

예를 들어 1월 2일 입사자의 경우 12월 2일 월차 = 12개월 − 1일 = 11일

📄 **연 단위의 연차휴가 자동 계산 방법**

연 단위 연차휴가 일수 = 15일 + (근속연수 − 1년)/2로 계산 후 나머지를 버리면 된다.

예를 들어 입사일로부터 10년이 경과 한 경우

연차휴가 일수 = 15일 + (10년 − 1년)/2 = 15일 + 4.5일 = 19일

≫ 회계연도 기준 연차휴가의 계산방법

연차휴가 산정 기간을 노무관리의 편의를 위해 회계연도를 기준으로 전 근로자에 일률적으로 적용하더라도 근로자에게 불리하지 않으면 문제없다.

회계연도 단위 연차휴가 부여 방법 계산식 =

1. 입사연도에 발생하는 연차휴가일수 = (15일 × 입사일부터 12월 31일까지의 총일수(회계연도 말일) ÷ 365) + 입사일부터 12월 31일까지 발생하는 월 단위 연차휴가

2. 입사 다음연도에 발생하는 연차휴가일수 = 15일

3. 입사 다음다음연도에 발생하는 연차휴가일수 = 15일

4. 그 다음연도(위 3의 다음연도) = 16일

2022년 7월 1일 입사자의 경우 회계연도 기준으로 연차휴가를 부여하고자 할 때 2022년과 2023년 부여해야 할 연차휴가 일수는?

[해]설

1. 월 단위 연차휴가

입사일부터 1년간 1월 개근 시 1일씩 발생하는 휴가일수 = 5일(2022년에 사용해도 됨)

2. 회계연도기준 적용 연 단위 비례연차휴가

15일 × 근속기간 총일수 ÷ 365 = 15일 × 184 ÷ 365 = 7.5일(약 8일)(2023년 사용)

3. 2022년 12월 31일 = 5일 + 7.5일 = 12.5일(총 13일 발생시키면 문제가 없다.)

4. 2023년 연차휴가

❶ 월 단위 연차휴가

2023년 1월 1일부터 6월 1일까지 월 단위 연차휴가 6일(1년 미만 총 11일 – 5일)(2023년 6월 30일까지 사용. 단 노사 합의로 12월 31일까지 연장사용도 가능)

❷ 연 단위 연차휴가 = 15일(2024년 15일, 2025년 16일...)

구분	기간계산	연차휴가	산정식
입사연도 (2022년)	월 단위 연차 (1년 미만자 휴가)	5일	만 근무 개월 수 – 1일 (2022년 사용 또는 2023년 사용)
비례휴가	2022.7.1~12.31 (비례연차휴가)	7.5일	15일 × 입사연도 재직일 ÷ 365일 = 15일 ×184일 ÷ 365일
합 계(2022년 12월 31일)		12.5일	13일 부여하면 문제없음 (비례연차휴가 + 월 단위 연차)
입사익년도 (2023년)	2023.1.1~6.1 (1년 미만자 휴가)	6일 (11일 – 5일)	11일 – 월 단위 연차휴가 (2022년 12월 31일까지 5일)
연차휴가	2023.1.1~12.31	15일	입사 2년 차 연차휴가
합 계(2023년 12월 31일)		21일	남은 월차 + 2023년 연차휴가
2024년 : 15일, 2025년, 2026년 : 16일, 2027년, 2028년 : 17일			

 퇴사 시 연차휴가의 정산과 연차수당 지급

≫ 퇴사 시 연차휴가의 정산

연차휴가는 입사일 기준이 원칙이므로 퇴직 시점에서 총 휴가일수가 근로자의 입사일을 기준으로 산정한 휴가 일수에 미달하는 경우는 그 미달하는 일수에 대하여 연차유급휴가 미사용 수당으로 정산하여 지급해야 한다(근로기준과 - 5802, 2009.12.31.).

예를 들어 회사가 회계연도 기준으로 연차휴가를 산정하는 경우, 퇴직 시점에서 총 연차휴가(수당 포함) 발생일 수가 70일인데, 근로기준법에 따라 입사일 기준으로 산정한 연차휴가(수당 포함) 발생일 수가 총 75일이라면, 유리한 조건 우선 원칙에 따라 5일분(입사일 기준 75일 - 회계연도 기준 70일)의 연차휴가 미사용 수당을 지급해야 하며, 만약, 근로기준법에 따라 입사일 기준으로 산정한 연차휴가(수당 포함) 발생일 수가 총 50일인데, 회사가 회계연도 기준으로 연차휴가를 산정하여 발생한 연차휴가(수당 포함)가 총 55일이라면, 회사규정 상 무조건 입사일 기준으로 계산한다는 별도 규정이 없으면 유리한 조건 우선 원칙에 따라 5일분(회계연도 기준 55일 - 입사일 기준 50일)의 연차휴가 미사용 수당을 지급해야 한다.

? Tip 중도 퇴사자의 연차수당 지급

중도 퇴사를 하는 경우는 금품청산을 해야 하므로 미사용 연차의 총일수(전전연도 분과 전연도 분)를 수당으로 지급해야 한다. 단, 사용가능일수가 없는 상황에서 퇴직하는 경우 회사에서 휴가를 주고 싶어도 못 주는 상황이 되므로 사용가능일수가 부족한 일자에 대한 수당은 지급하지 않아도 된다는 실무상 의견이 있기는 하나 고용노동부 등에서는 사용가능 일수와 관계없이 수당을 지급해야 한다고 보고 있다.

연차수당은 연차휴가사용촉진 중에 퇴사한 경우에도 지급해야 한다. 또한 회사가 미사용 연차에 대한 수당 지급을 꺼리는 경우 퇴사 시점에 남은 연차를 모두 소진하고 퇴사하는 방법도 있다.

≫ 연차수당의 계산 방법

연차수당은 미사용한 연차휴가에 대해 지급하는 수당으로 연차수당의 계산은 연차휴가청구권이 소멸한 달의 통상 임금수준이 되며, 그 지급일은 휴가청구권이 소멸된 직후에 바로 지급해야 함이 마땅하나, 취업규칙이나 근로계약에 근거해서 연차유급휴가청구권이 소멸된 날 이후 첫 임금지급일에 지급해도 된다.

예를 들어 2021년 1월 1일~2021년 12월 31일까지 개근하여 2022년 1월 1일~2022년 12월 31일까지 사용할 수 있는 15개의 연차휴가가 발생하였으나 이를 사용하지 않았다면 2022년 12월 31일자로 연차휴가청구권은 소멸되고, 휴가청구권이 소멸되는 다음날(2023년 1월 1일)에 연차유급휴가 근로수당이 발생하게 되는 것이다.

그리고 연차수당산정의 기준임금은 연차휴가청구권이 최종적으로 소멸하는 월(2022년 12월 31일)의 통상임금을 기준으로 한다.

연차수당 = 연차휴가청구권이 소멸한 달의 통상임금 ÷ 209시간 × 8시간 × 미사용 연차일수

통상임금이란 통상임금은 기본금, 각종 수당(가족수당, 직무수당 등), 정기상여금의 합계를 말한다.

🈁 월 통상임금 산정 기준시간 예시 [4.345주 = (365일 ÷ 12개월 ÷ 7일)]

❶ 주당 소정근로시간이 40시간이며(하루 8시간 근무), 토요일 무급휴무일 : 209시간 = [(40 + 8(주휴)) ÷ 7] × [365 ÷ 12] ➜ 가장 일반적인 경우

❷ 주당 소정근로시간이 40시간이며, 주당 4시간이 유급 처리되는 경우 : 226시간 = [(40 + 8(주휴) + 4(유급)) ÷ 7] × [365 ÷ 12]

❸ 주당 소정근로시간이 40시간이며, 주당 8시간이 유급 처리되는 경우 : 243시간 = [(40 + 8(주휴) + 8(유급)) ÷ 7] × [365 ÷ 12]

월 통상임금 209만원이 김 갑동씨가 15개의 연차 중 10개만 사용해 5개의 연차수당 지급의무가 발생한 경우

해설

1. 209만원 ÷ 209시간 = 10,000원(시간당 통상임금)
2. 10,000원 × 8시간 = 80,000원(일일 통상임금)
3. 80,000원 × 5일(15일 - 10일) = 400,000원이 연차수당이다.

---

1. 급여 구성
- 기본급 2,000,000원
- 시간외 100,000원
- 직무수당 50,000원
- 기술수당 40,000원
- 연구수당 10,000원
- 직책수당 55,000원
- 가족수당 15,000원
- 통근수당 50,000원

2. 미사용 연차휴가 일수 : 10일

해설

매월 정기적, 일률적으로 지급하고 일 소정근로에 따라 지급되는 항목은 연차수당 계산 시 포함된다.

1. 월 통상임금
기본급 2,000,000원 + 시간외 100,000원 + 직무수당 50,000원 + 기술수당 40,000원 + 연구수당 10,000원 + 직책수당 55,000원 = 2,255,000원

2. 월 통상임금 2,255,000원 ÷ 209시간 = 10,790원(통상시급)

3. 1일 통상임금 = 10,790원(통상시급) × 8시간 = 86,320원

4. 미사용 연차 10일인 경우 = 86,320원 × 10일 = 863,200원

≫ 1년 미만 근로자에 대한 연차수당 지급

월 단위 연차휴가의 수당 지급

근로기준법 제60조 제2항"사용자는 계속하여 근로한 기간이 1년 미

만인 근로자에게 1개월 개근 시 1일의 유급휴가를 주어야 한다."는 규정에 의거 1개월 개근하면 1일의 연차휴가가 발생하게 된다.

1개월 개근하여 발생한 연차휴가는 입사일로부터 1년간 사용할 수 있다.

예를 들어 2022년 5월 1일 입사해서 1개월간(5월 1일~5월 31일) 개근하면 2022년 6월 1일에 1일의 연차휴가가 발생하며 다음 연도까지 총 11일의 월 단위 연차휴가가 발생하고, 이는 2023년 5월 31일까지 1년간 사용할 수 있다.

미사용 시에는 미사용 연차에 대해 연차휴가사용촉진을 하지 않은 경우 2023년 6월 1일(6월 급여)에 연차 미사용 수당으로 지급하게 된다.

2023년 6월 1일(6월 급여)에 지급하는 연차미사용 수당의 계산기초가 되는 임금의 기준은 최종 휴가청구권이 있는 달(5월)의 임금지급일이 속한 5월 급여의 통상임금으로 미사용 수당을 계산해서 지급한다. 물론 연차휴가사용촉진을 했는데 미사용한 연차에 대해서는 수당 지급의무가 없다.

회계연도 기준으로 연차를 운영하는 경우

회계연도(1월 1일~12월 31일)로 운영하는 사업장의 경우, 1개월 개근 시 발생하는 연차휴가를 회사가 회계연도가 종료된 익년도 1월에 미사용수당으로 지급하면 근로자 입장에서는 아직 휴가사용기간이 남아 있음에도 회사에서 일방적으로 수당을 지급한 것이 된다. 반면, 회사는 수당을 지급하였음에도 불구하고 근로자가 연차휴가청구권을 행사하게 되면 휴가를 추가로 부여할 수밖에 없게 된다.

이와 관련 고용노동부는 "아직 사용기간이 남은 유급휴가에 대해 당해 회계연도 말일 등 특정 시점에 미사용 수당으로 정산하는 것은 근로기준법 제60조 제7항의 취지에 맞지 않으므로 허용되지 않음"이라고 설명하고 있다. 따라서 회계연도(1월 1일~12월 31일)로 연차휴가를 운영하는 사업장은 1년 미만자에 대해 회사가 일방적으로 다음 연도 1월에 미사용 수당으로 지급하기보다는 미사용 휴가를 2년 차 종료시점까지 사용할 수 있도록 (연장사용) 합의(취업규칙 등)를 하고, 미사용 시에는 2년차 종료 익월에 수당으로 지급하도록 해야 할 것이다.

 Tip 개인적 질병으로 인한 결근은 연차휴가에서 우선 차감한다.

✔ 개인적 질병으로 병가를 신청하는 경우 남은 연차휴가일수에서 우선 차감할 수 있으며, 병가기간은 무급이 원칙이므로 병가일수에 해당하는 통상임금을 임금에서 공제한다. 다만, 업무상 사유에 의한 병가 시에는 최소 평균임금의 70% 이상을 지급해야 한다(산재보험에서 지급하는 경우는 이를 공제한 차액이 있는 경우 지급한다.). 단, 병가를 대신해서 연차휴가를 사용하는 것은 병가가 무급을 원칙으로 하고 있기 때문에 본인의 선택사항이지 회사의 강제 사항은 아니다.

✔ 업무상 재해로 통원 치료 일에 소정의 임금을 지급하고 있다면 별도의 휴업보상을 하지 않아도 무방하다(근기 1451-2072, 1984.10.12).

✔ 업무상 요양 중인 근로자에 대해서 휴업수당과 별도로 상여금을 지급할 것인지는 취업규칙 등이 정하는 바에 따른다(근기 01254-8647, 1987.06.29). 여기서 휴업수당은 임금에 해당한다(근기 01254-11057, 1986.12.07).

 Tip 출퇴근 누락 및 지각, 조퇴로 인한 연차유급휴가 공제

1. 출퇴근 3회 이상 누락 시 연차유급휴가 1일 공제

출퇴근 3회 이상 누락 시 연차유급휴가 1일을 공제하는 것은 개근한 것으로 보지 않는 것을 의미한다. 이는 근로기준법 제60조 제1항에서 1년간 개근이라는 내용과 그 의미가 다르다.

1년 개근이란 단체협약이나 취업규칙에서 정한 소정근로일의 개근을 말한 것으로 소정근로일의 근로시간에 대한 개근을 의미하는 것이 아니므로 출퇴근 3회 이상 누락 시 이를 단체협약 또는 취업규칙에서 정하여 지각 또는 조퇴로 처리하는 것은 가능하나, 연차유급휴가 1일을 공제하는 것은 위법이다. 즉, 연차유급휴가를 공제한다는 것을 결근을 의미하므로 연차유급휴가를 공제할 수 없다(근거 : 근기 01254-3153, 1990.03.03.).

지각, 조퇴 몇 회 이상 시 연차유급휴가 1일을 공제하는 것도 상기 내용과 동일이다. 다만, 빈번한 출퇴근에 누락에 따른 징계(정직, 급여감액 등)는 가능하다.

2. 출퇴근 누락 또는 지각 및 조퇴에 따른 누계시간으로 연차유급휴가 1일 공제

근로기준법 제60조(연차유급휴가)의 휴가의 부여 단위인 '일'의 개념은 일하기로 정한 근무일을 휴가로 대체함을 의미하며, 일 소정근로시간은 8시간으로 연차유급휴가는 이를 휴가로 대체함을 의미한다.

단체협약 또는 취업규칙 등에서 지각, 조퇴 누계 8시간을 연차유급휴가 1일로 계산한다는 규정을 두는 것은 노사 특약으로 볼 수 있으며, 부여받은 연차유급휴가 1일을 공제하는 것은 위반이라 볼 수 없다는 행정해석이 있다(근거 : 근기 68207-157, 2000.01.22.). 출퇴근 3회 이상 누락 후부터는 지각으로 처리하고, 이를 30분 지각 또는 30분 조퇴로 간주한다는 내용을 포함하여 규정에 명시하였다면 이는 곧 지각 30분 또는 조퇴 30분으로 처리되므로 누계 8시간이 되는 경우 연차유급휴가 1일을 공제하는 것이 가능하다.

지각, 조퇴 등을 하였더라도 소정근로일에 개근(출근)하였다면 이를 결근으로 처리할 수는 없으나 그 시간을 누계하여 8시간이 되는 경우는 1일을 공제하는 것이 가능하다.

 Tip 연차휴가를 미리 사용할 경우 업무처리

현재 가용연차가 Zero인 직원이 휴가사용을 원할 경우, 급여 공제 동의서를 징구한 후 선사용을 허가해 주고, 급여 공제 동의서 내용에는 선사용 휴가를 사용하고 나서 발생 연차로 정리가 안 될 경우, 급여 또는 퇴직금에서 공제하는 것에 동의한다는 내용의 자필 요청을 받아 처리하면 문제가 없다. 미리 사용하는 직원은 늘 당겨쓰게 된다.

● 참고할 노동부 행정해석

연차휴가를 근로자의 편의를 위해 미리 가불 형식으로 부여할 수 있다(노동부 행정해석 : 1980.10.23, 법무 811-27576).

[요지] 연차유급휴가 제도는 근로자의 피로를 회복시켜 노동력의 유지 배양을 도모하는데, 그 목적이 있고, 원칙적으로 동 청구권의 발생은 연차 청구 사유(개근, 계속근로) 등 발생 이후에 부여함이 원칙이나, 사용자는 "근로자의 요구"와 편의를 위하여 연차휴가를 미리 가불 형식으로 부여할 수도 있다.

07

주휴일과 주휴수당의 지급과 계산방법

 주휴수당의 지급요건

주휴수당을 지급받기 위해서는 2가지 요건이 충족되어야 한다.

≫ 4주를 평균하여 1주 15시간 이상 일하기로 정해야 한다.

이를 소정근로시간이라고 하는데, 근로계약 시 1일 혹은 1주 며칠, 몇 시간을 일할지? 기본적으로 정해놓는 시간을 의미한다. 따라서 1주에 특정일에만 근로 제공하기로 정했다면 4주를 평균했을 때 1주 15시간 이상 근로 제공하기로 약속을 해야 한다. 만약 근로계약 등을 통해 이를 정하지 않았다면 실제 근로 제공한 시간을 평균 내어 1주 15시간 이상이 되는지? 살펴 15시간 이상이 된다면 주휴수당을 주어야 한다. 즉, 주휴수당은 상시근로자 또는 단시간근로자와 관계없이 휴게시간을 제외한 소정근로시간이 주 15시간 이상인 때는 발생한다. 5인 미만 사업장도 같게 적용된다.

근로자의 사정에 따라 결근한 경우 주휴수당이 지급되지 않는다. 단, 지각 또는 조퇴가 있는 경우 결근으로 볼 수 없으므로 주휴수당을 지급해야 한다.

회사 측 사정에 따라 출근을 못 한 경우 나머지 소정근로일수를 출근했다면 그 주도 개근한 것으로 보고 주휴수당을 주어야 한다.

≫ 1주 소정근로일을 개근해야 한다.

1주일 40시간 근무제의 경우 토요일과 일요일에 각각 8시간 이상 근로 제공하기로 정한 경우 토요일과 일요일에 결근하지 말아야 한다.

예를 들어 토요일 8시간, 일요일 8시간 주 16시간 근무로 3.2시간의 주휴수당이 발생한다.

예로 주휴수당을 계산해보면

월요일 09:00~15:00(휴게시간 1시간 포함)

수요일 09:00~15:00(휴게시간 1시간 포함)

금요일 09:00~15:30(휴게시간 1시간 포함)

주 15.5시간을 근무한 경우 다음과 같이 계산하면 된다.

최저시급 적용 주휴수당 = 1주 총 소정근로시간/40시간 × 8 × 최저시급

= 15.5시간 ÷ 40시간 × 8 × 9,160원 = 28,396원

월 주휴수당 = 1주 주휴수당 × 4.345주

주중 입사자의 주휴수당

근로기준법 제55조 및 같은 법 시행령 제30조에 따라 사용자는 1주 동안의 소정근로일을 개근한 근로자에게 1주일에 평균 1회 이상의 유급휴일을 주어야 하며, 여기서 '1주일'이란 연속된 7일의 기간을 의미하고, 그 기간 중 1일을 주휴일로 부여하면 되므로 주휴일 간의 간격이 반드시 7일이 되어야 하는 것은 아니다.

사업장의 취업규칙 등에서 특정일을 주휴일로 지정한 경우, 주중에 입사한 근로자가 입사 후 소정근로일을 개근하였다면 입사 후 처음 도래하는 주휴일을 유급으로 부여하는 것이 바람직할 것이나, 근로계약이 성립되지 않아 1주간(7일)을 채우지 못하였으므로 이를 무급으로 부여하더라도 법 위반이라고 할 수는 없다. 다만, 입사 일을 기준으로 1주일에 평균 1회 이상의 주휴일을 부여하지 않았다면 이를 정산하여 추가로 유급휴일을 부여해야 한다.

한편, 주중인 화요일부터 근로를 제공한 경우, 근로계약, 취업규칙 등에서 일정한 날을 주휴일로 특정하지 않았다면 근로 제공일(화요일)로부터 연속한 7일의 기간중에 1일을 주휴일로 부여해야 한다는 것이 고용노동부 행정해석이다(근로기준과-918, 2010.4.30.).

공휴일이 낀 경우 주휴수당

해당 주에 공휴일이 끼어 있는 경우에 나머지 소정근로일을 개근하면 주휴수당을 지급해야 한다. 다만 월급제의 경우 해당 주휴수당이 포함되어 있으므로 그냥 월급을 지급하면 된다.

주휴수당의 간편계산과 자동계산

주휴수당 = 1주일 소정근로시간(1일 8시간, 주 40시간 한도) ÷ 5 × 시급

또는

주휴수당 = 1주일 소정근로시간(1일 8시간, 주 40시간 한도) × 20% × 시급

- 예를 들어 시급 1만 원에 주 40시간을 일하는 알바의 경우

주휴수당 = 40시간 ÷ 5 × 1만 원 = 8만원

- 예를 들어 시급 1만 원에 주 15시간을 일하는 알바의 경우

주휴수당 = 15시간 ÷ 5 × 1만 원 = 3만 원이 된다.

주휴수당 자동계산 : http://www.alba.co.kr/campaign/Culture10.asp

상용근로자의 경우 일반적으로 월급에 주휴수당이 포함된 것으로 보므로 공휴일이 끼면 주휴수당을 별도로 신경 쓸 필요는 없다. 다만 시급, 일급, 주급의 경우 주휴수당을 계산해 별도로 지급해야 한다.

08

직원이 병가를 낸 경우
휴가와 급여 처리

 직원병가시 급여처리

근로자가 업무와는 관계없이 개인적으로 다친 경우는 산재 요양신청을 할 수가 없으므로 회사에서 어떻게 처리해줘야 하는지 궁금해하는 경우가 많다.

근로기준법에는 업무 외적으로 부상이나 질병이 발생한 경우 회사에서 특정한 처우를 하도록 정한 기준이 없다. 이런 경우 근로자의 처우를 어떻게 할지는 회사에서 자율적으로 정할 수 있다.

취업규칙으로 병가기간이나 병가 기간동안의 급여에 대해 정하는 경우가 대부분이다.

법으로 정해진 기준이 없으므로 병가기간 동안 근로자에게 급여를 지급하지 않아도 무방하다. 다만, 근로자의 생활을 보장해주기 위해 일정 기간은 유급으로 정하는 경우가 많다.

취업규칙에 유급으로 정해진 경우 정해진 기간동안은 유급으로 병가를 부여해야 한다. 그 이상의 기간에 대해 병가를 부여할지? 여부나, 급여를 지급할지? 여부는 회사의 결정에 따라야 한다.

◎ 개인적 질병으로 병가를 신청하는 경우 남은 연차휴가일수에서 우선 차감할 수 있으며, 병가기간은 무급이 원칙이므로 병가일수에 해당하는 통상임금을 임금에서 공제한다. 다만, 업무상 사유에 의한 병가 시에는 최소 평균임금의 70% 이상을 지급해야 한다(산재보험에서 지급하는 경우는 이를 공제한 차액이 있는 경우 지급한다.). 단, 병가를 대신해서 연차휴가를 사용하는 것은 병가가 무급을 원칙으로 하고 있으므로 본인의 선택사항이지 회사의 강제 사항은 아니다.

◎ 업무상 재해로 통원 치료 일에 소정의 임금을 지급하고 있다면 별도의 휴업보상을 하지 않아도 무방하다(근기 1451-2072, 1984. 10. 12).

◎ 업무상 요양 중인 근로자에 대해서 휴업수당과 별도로 상여금을 지급할 것인지는 취업규칙 등이 정하는 바에 따른다(근기 01254 -8 647, 1987.06.29). 여기서 휴업수당은 임금에 해당한다(근기 01254 -11057, 1986.07.07).

직원병가시 연차휴가(질병 휴직)

업무상 부상 또는 질병기간, 법정 육아휴직기간과 같이 법령이나 그 성질상 출근한 것으로 간주할 수 있는 경우에는 소정근로일수(분모)와 출근 일수(분자)에 해당 기간을 각각 포함하여 출근율을 산정한다(회시 번호 : 임금근로시간과 – 1818, 회시일자 : 2021-08-12). 이와 달리 약정 육아휴직 또는 업무 외 부상·질병 휴직 기간은 출근한 것으로는 볼 수 없으나 결근과는 성질이 다르기에, 소정근로일수에서 제외한다.

즉,

1. 출근율을 산정할 때는 실질 소정근로일수(연간 소정근로일수 – 휴직 기간)를 기준으로 산정하되,

2. 휴가 일수를 산정할 때는 연간 소정근로일수를 기준으로 하여

① 출근율이 80% 이상일 경우에는 연차휴가일수(15일)을 부여하지만,

② 출근율이 80% 미만일 경우에는 실질 소정근로일수를 연간 소정근로일수로 나눈 비율을 곱하여 비례적으로 부여한다.

사례 1. 연간 소정근로일수 247일, 병가로 인한 소정근로일수 30일을 쉰 경우(나머지 소정근로일수 전부 출근, 계속근로기간 7년)

❶ 출근율

가. 실질 소정근로일수(연간 소정근로일수 – 휴직 기간) = 247일 – 30일 = 217일

나. 출근율 = 217일 ÷ 247일 = 87.85%

❷ 위 2-①에 따라 출근율이 80% 이상이므로 15일 + 7년 가산 휴가 3일을 더하면 18일의 연차휴가가 발생한다.

사례 2. 연간 소정근로일수 247일, 병가로 인한 소정근로일수 90일을 쉰 경우(나머지 소정근로일수 전부 출근, 계속근로기간 7년)

❶ 출근율

가. 실질 소정근로일수(연간 소정근로일수 – 휴직 기간) = 247일 – 60일 = 187일

나. 출근율 = 187일 ÷ 247일 = 75.70%

❷

가. 위 2-②에 따라 출근율이 80% 미만이므로 15일 × (187일/247일) = 11.4일 + 7년 가산 휴가 3일을 더하면 14.4일의 연차휴가가 발생한다.

나. 위 2-②에 따라 출근율이 80% 미만이므로 18일 × (187일/247일) = 13.62일의 연차휴가가 발생한다.

계속근로기간이 7년이므로 가산 3일을 더하면 되는데, 가산 휴가 3일을 더하는 방식은 가와 나 2가지 방법이 있는데 고용부 행정해석에는 기본 일수인 15일에 더해서 계산방식인 나의 방법으로 하도록 하고 있다. 즉 18일 × (187일/247일) = 13.62일의 연차휴가가 발생한다.

사례 3. 연 단위 연차 출근율이 80%가 안 되는 경우 및 1년 미만 월 단위 연차휴가

실제 소정근로일수 187일 중 1달 개근(월 소정근로일수 21일, 21일 중 병가휴직 10일 사용), 1일 소정근로시간 8시간

앞의 사례2 경우는 연 단위 연차를 계산하는 것이라면 세 번째는 월 단위 연차를 계산하는 경우 해당한다.

❶ 출근율

가. 실질 소정근로일수(연간 소정근로일수 - 휴직 기간) = 247일 - 60일 = 187일

나. 출근율 = 187일 ÷ 247일 = 75.70%

187일(247일 - 60일) 자체 출근율이 80%가 안 되는 경우이다.

❷ 187일 중 정상 출근한 달이 1달이고 그중 10일을 병가를 사용했으므로 바뀐 고용부 행정해석에 따라 시간 단위로 연차휴가를 산정해야 한다.

8시간(1일) × (11일/21일) = 3.8시간의 연차휴가가 발생한다.

09

임금(급여)명세서 작성방법

 임금명세서 작성 방법

임금명세서 양식은 단순 참고용으로 각 사용자 양식에 따라 자유롭게 수정해서 사용하면 된다. 다만 다음의 임금명세서 기재 사항은 반드시 기입되어야 한다.

[작성 방법]

① (근로자 특정) 지급받는 근로자를 특정할 수 있도록, 성명, 생년월일, 사원번호 등 근로자를 특정할 수 있는 정보를 기재한다.

② (임금 총액 및 항목별 금액) 임금 총액, 기본급, 각종 수당, 상여금, 성과급 등 임금의 항목별 금액을 정기와 비정기로 구분해서 기재한다.

③ (항목별 계산 방법) 임금의 각 항목별 금액이 정확하게 계산됐는지를 알 수 있도록 임금의 각 항목별 계산방법 등 임금 총액을 계산하는데 필요한 사항을 기재한다.

임 금 명 세 서

기간 0000-00-00 ~ 0000-00-00

지급일 : 0000-00-00

성명		생년월일(사번)	
부서		직급	

세부 내역				

지 급			공 제	
임금 항목		지급금액	공제 항목	공제 금액
매월 지급	기본급	3,200,000	근로소득세	115,530
	연장근로수당	396,984	국민연금	177,570
	휴일근로수당	99,246	고용보험	31,570
	가족수당	150,000	건강보험	135,350
	식대	100,000	장기요양보험	15,590
			노동조합비	15,000
격월 또는 부정기 지급				
지급액 계		3,946,230	공제액 계	490,610
			실수령액	3,455,620

연장근로시간수	야간근로시간수	휴일근로시간수	통상시급(원)	가족수
16	0	4	16,541	배우자 1명, 자녀 1명

계산 방법	
구분	산출식 또는 산출방법
연장근로수당	16시간 × 통상시급 × 1.5
야간근로수당	0시간 × 통상시급 × 0.5
휴일근로수당	4시간 × 통상시급 × 1.5
가족수당	배우자 : 100,000원, 자녀 : 1명당 50,000원

※ 가족수당은 취업규칙 등에 지급요건이 규정되어 있는 경우 계산방법을 기재하지 않더라도 무방

정액으로 지급되는 항목은 계산 방법을 적지 않아도 된다. 예를 들어 매월 고정 10만원씩 지급되는 식대는 계산방법을 기재할 필요가 없다. 하지만 근로일수에 따라 매일 8,000원씩 지급되는 식대라면 근로일수 × 8,000원과 같이 계산 방법을 기재해야 한다.

④ (연장근로시간수, 야간근로시간수, 휴일근로시간수) 연장 및 야간, 휴일근로한 시간을 기재한다. 연장근로시간수 등을 기재할 때 할증률은 고려하지 않는다.

4인 이하 사업장 즉 5인 미만 사업장은 연장, 야간, 휴일근로시간에 대한 할증율을 적용되지 않으므로 이를 생략하고 적어도 된다.

즉, 10시간의 연장근로를 한 경우 10시간을 기재하는 것이지 할증률을 고려하여 15시간을 기재하는 것이 아니다.

실제 연장근로를 하지 않았어도 수당을 그대로 가져갈 수 있는 고정 연장근로수당(OT)이 있는 사업장(포괄임금 사업장)은 실제 연장근로시간과 상관없이 금액에 대한 연장근로시간 수로 계산 방법을 적으면 된다.

예를 들어 1주일에 10시간의 고정 연장근로수당(OT)이 포함된 포괄임금제를 운영하는 경우 연장근로수당의 표기방법은 10시간 × 4.345 × 시간당 통상임금 × 1.5로 표기한다.

그리고 포괄임금제의 경우 고정 초과근무와 추가 초과근무를 나누어 기재하는 방식이 유용하다.

⑤ (임금공제) 근로소득세, 4대 보험료, 노조회비 등을 공제할 경우 그 내역을 알 수 있도록 공제 항목별 금액과 총액을 기재한다.

⑥ (임금지급일) 「근로기준법」 제43조 제2항에 의거 매월 1회 이상 일정한 날에 임금을 지급해야 하므로 실제 임금지급일을 기재한다.

⑦ (통상시급) 통상임금 ÷ 유급 근로시간(소정근로시간 + 주휴시간)

[예시] 일 8시간, 주 40시간 근무시

40시간 × 120% × 4.345주 = 209시간

[예시] 일 7시간, 주 35시간 근무시

35시간 × 120% × 4.345주 = 183시간

[예시] 일 4시간, 주 20시간 근무시

20시간 × 120% × 4.345주 = 105시간

[예시] 월, 수, 금 각 6시간, 주 18시간 근무시

18시간 × 120% × 4.345주 = 94시간

[예시] 토, 일 각 8시간, 주 16시간 근무시

16시간 × 120% × 4.345주 = 84시간

⑧ (가족 수) 가족수당의 경우 가족수에 따라 지급금액이 달라진다면 계산방법에 가족 수 및 각각의 금액 등을 기재하는 것이 바람직하다.

[예시] ① 부양가족 1인당 2만원, ② 배우자 4만원, 직계존비속 2만원 등 다만, 취업규칙이나 근로계약서에 특정 임금항목에 대한 지급요건이 규정되어 있는 경우에는 임금명세서에 이를 기재하지 않더라도 무방하다.

임금명세서 기재 예외 사항

임금명세서는 모든 근로자에게 교부해야 하나 계속 근로기간이 30일 미만인 일용근로자에 대해서는 생년월일, 사원번호 등 근로자를 특정할 수 있는 정보를 기재하지 않을 수 있으며, 상시 근로자 4인 이하 사업장의 근로자와 감시·단속적 근로자, 관리·감독 업무 또는 기밀을 취급하는 업무를 수행하는 근로자는 연장, 야간, 휴일근로에 대한 할증임금이 적용되지 않으므로, 연장·야간·휴일 근로시

간 수를 기재하지 않아도 된다.

① 30일 미만인 일용근로자 : 생년월일, 사원번호 등 근로자를 특정할 수 있는 정보의 기재를 제외

② 상시 4인 이하 사업장의 근로자 또는 근로시간 적용 제외자 : 연장·야간·휴일 근로시간 수 기재를 제외

즉 30일 미만 일용근로자의 경우에는 "생년월일, 사원 번호 등 근로자를 특정할 수 있는 정보"를 기재하지 않을 수 있고, 근로시간 규정이 적용되지 않는 상시 4인 이하(5인 미만) 사업장의 근로자 또는 「근로기준법」 제63조에 따른 근로자에 대해서는 "연장·야간·휴일 근로시간 수"를 기재하지 않을 수 있다. 단, 총근로시간 수는 적어야 한다.

연장·야간·휴일 근로시간에 가산수당이 붙지 않아서 총근로시간만 알아도 임금체불 여부를 가릴 수 있기 때문이다.

10

무단결근의 경우 대처방법과
급여, 주휴수당, 퇴직금

가령 근로자는 인수인계하고 나가겠다. 그 기간은 2주면 충분하다 해서 2주 후에 나간다고 이야기하였으나, 사업주는 근로자 채용을 해야 하고 들어오면 인수인계를 해야 하니 그 기간은 너무 짧아 적어도 1개월하고도 2주는 더 근무할 것을 요구하는 경우가 있을 수 있는데, 이때에는 퇴사일이 언제로 확정이 될까요?

또 극단적인 예를 들자면 사용주는 악의를 가지고 사직서를 제출하면 3개월 후에 효력이 발생한다고 계약서에 명시한다거나, 후임자가 뽑히지 않았기 때문에 몇 달 동안 계속 근무할 것을 강요할 가능성도 있다. 마찬가지로 근로자는 인수인계하지 않고 바로 퇴사를 할 수도 있다.

회사는 근로자가 원하는 날짜에 사직서를 수리해야 할 의무는 없다. 회사가 사직서를 수리해주지 않는 동안 출근을 안 하면 퇴직금이 깎이게 된다.

퇴직금은 마지막 3달 치 월급을 평균 내서 계산하는 것인데, 결근하면 공제되고 결근일이 많아질수록 평균임금도 계속 깎이게 된다.

→ 무단결근의 경우 퇴직금을 실제 금액보다 적게 받을 수 있다.
→ 무단결근의 경우 실업급여를 받지 못할 수도 있다.
→ 무단결근의 경우 회사에서 고용보험 상실 신고를 안 해주는 경우 고용보험 이중가입으로 다른 회사 취직이 곤란할 수 있다.
→ 무단결근으로 인한 손해에 대해 회사에 손해배상 책임을 질 수 있다.

 ## 무단결근 시 대처 방법

근로자가 사전 또는 당일에 아무런 연락 없이 무단으로 출근하지 않는 경우 혹시라도 나중에 있을지도 모를 다툼에 대비하기 위해 일단 문자나 전화로 연락하고, 문자와 전화 수신 내역 자료도 보관한다.

3일 이상 무단결근하는 경우는 내용증명으로 정상적 출근을 요청하고, 정상 출근하지 않는 경우 결근한 일수에 대한 임금이 지급되지 않고, 퇴직금도 감액되며, 며칠 이상 무단결근할 때는 해고할 수밖에 없다는 내용을 문서로 보내두는 것이 좋다.

5인 미만 사업장의 경우 무단결근이 없더라도 언제든지 해고예고만 하면 해고할 수 있으므로 문제가 없지만, 1년 이상 근로하였을 때는 평균임금이 줄어드는 등 퇴직금 산정에 문제가 생길 수 있다.

무단결근 시 무조건 해고가 가능한가?

사안을 개별적으로 살펴야겠지만 단 한 차례의 무단결근 자체만으로는 바로 해고가 가능한 것은 아니다. 여러 차례의 무단결근이 긴 기간 동안 이어지고, 사업주의 시정 요구에도 근로자가 같은 행위를 반복한다면 해고사유로 볼 수 있다.

어떤 경우를 무단결근한 것으로 취급할 것인가? 는 법원에서 구체적·개별적으로 이뤄진다. 왜냐하면, 근로자가 결근하지 못하는 이유는 매우 다양하고 결근 사실이 있다 하더라도 그것을 무단결근으로 평가할 수 있는지는 그 사업자의 관행이나 취업규칙, 단체협약 등을 구체적으로 따져보아야 하기 때문이다.

예를 들어 결근계만 제출하면 무단결근으로 처리하지 않는다는 규정이 있다면, 무단결근 여부는 결근계 제출 사실 여부에 좌우될 것이다. 반면에 결근계 제출 후 기업의 승인이 필요하다고 규정된 경우는 결근계 제출과 승인 사실 모두를 살펴야 한다는 의미이다.

무단결근이 기업 경영에 미치는 영향 역시 기업의 업종, 규모, 근로자의 인원수, 시기적 특성에 따라 차이가 있다. 즉 어떤 경우가 무단결근에 해당하고, 무단결근 시 무조건 해고해도 된다. 안 된다는 다툼의 소지가 있으며, 명확히 무단결근은 해고해도 법적인 문제가 없다고 판단할 사항은 아니다.

회사와 해당 직원의 주장이 틀릴 수 있으므로 명확히 해고해도 된다. 안 된다고 판단하기가 곤란하다. 법적인 다툼을 통해 법원의 판단사항이다. 따라서 해고를 하고자 한다면 해고 후 법적인 문제가 발생할 것을 대비해 우선, 해고의 정당한 사유에 해당하는 증거들을 최대한 많이, 그리고 명료하게 수집해 놓아야 하며, 해고의 서면통보 및 징계 절차가 있는 경우 해고의 절차적 요건들을 빠짐없이 지키도록 해야 한다.

 ## 무단결근 시 임금공제와 주휴수당, 휴가 문제

무단결근 시 해당일의 일급 통상임금을 공제하며, 해당주의 주휴수당을 공제할 수 있다.

 ## 무단결근 시 퇴직금 계산을 위한 평균임금 계산

무단결근에 따른 해고 시 퇴직금의 계산은 동 결근 기간을 포함해서 평균임금을 산정한다.

 Tip 임금의 일할계산 방법(며칠만 근무하고 퇴사한 경우)

한 달을 다 채우지 못하고 퇴사를 하는 경우 근무한 일수만큼 급여를 계산해서 지급해야 한다. 예를 들어 8월 1일부터 10일까지 근무(퇴사)한 경우의 8월분 임금의 계산은?

❶ 월급 : 150만원(기본급 120만원, 면허수당 20만원, 식대 10만원)

❷ 계산법 : (해당 월 총급여 ÷ 해당 월 총일수) × 근무일수(유급처리 되는 휴일수 포함)

= (150만원 ÷ 31) × 10

= 483,870원(8월분 임금)

단, 이같이 계산한 금액이 최저임금에 미달하면 안 된다.

11

정당한 해고와 해고예고수당

사용자는 근로자를 정당한 이유 없이 해고, 휴직, 정직, 전직, 감봉, 그 밖의 징벌을 하지 못한다.

 근로자 측 원인에 의한 해고가 정당한 이유

근로자에게 근로계약을 지속시키기 어려울 정도로 중대한 일신상의 사정이 있거나 경영의 질서를 문란케 하는 등 노사 간의 신뢰 관계를 중대하게 위반하는 경우는 정당한 해고로 본다.

예를 들어 다음의 경우를 말한다.

⊚ 회사의 중요기밀을 누설한 경우

⊚ 고의로 사업에 막대한 지장을 초래하거나 재산상 손해를 끼친 경우

⊚ 회사의 명예를 크게 손상시킨 경우

사용자 측 원인에 의한 해고가 정당한 이유

경영상 이유에 의한 해고의 경우 정당한 해고로 본다. 즉, 다음의 요건을 갖추어 근로자를 해고한 경우는 정당한 이유가 있어 해고한 것으로 본다.

◎ 사용자가 경영상 이유에 의해서 근로자를 해고하려면 긴박한 경영상의 필요가 있어야 하며,

◎ 해고를 피하기 위한 노력을 다해야 하며,

◎ 합리적이고 공정한 해고의 기준을 정하고 이에 따라 그 대상자를 선정해야 하며,

◎ 해고 대상자 선정 시 남녀의 성을 이유로 차별해서는 안 되며,

◎ 해고를 피하는 방법과 해고의 기준 등에 대해서 그 사업 또는 사업장 근로자의 과반수로 조직된 노동조합이 있는 경우에는 그 노동조합(근로자의 과반수로 조직된 노동조합이 없는 경우에는 근로자의 과반수를 대표하는 자)에 해고하려는 날의 50일 전까지 통보하고 성실하게 협의해야 한다.

 ## 근로기준법의 해고 금지기간

다음의 기간에는 ❶ 업무상 부상 또는 질병에 걸린 근로자가 요양 개시 2년을 경과 해도 부상 또는 질병이 완치되지 않아 평균임금 1,340일분의 일시보상을 한 경우 또는 ❷ 사업을 계속할 수 없게 된 경우를 제외하고는 해고를 하면 안 된다.

- 근로자의 업무상 부상 또는 질병의 요양을 위한 휴업기간과 그 후 30일간
- 출산전후휴가 기간, 유·사산 휴가기간과 그 후 30일간
- 육아휴직기간

 ## 해고의 예고와 해고예고수당

- 30일 전 해고예고를 해야 하며, 즉시 해고를 할 때는 30일분 이상의 통상임금을 지급해야 한다.

해고예고수당은 사용자가 해고예고를 하는 대신 즉시 해고를 할 때 30일분 이상의 통상임금에 해당하는 금액을 지급하는 것을 말한다. 이는 사업주가 30일분 이상의 통상임금은 지급해야 해고된 근로자가 새로운 일자리를 알아보는 기간 동안 최소한도의 생계를 유지할 수 있다는 의미에서 예고기간 없는 즉시 해고를 허용하는 것이다.

해고예고는 문서로 해야 하며, 반드시 해고일시를 명시해야 한다.

그러나 다음의 경우에는 해고예고를 하지 않고 즉시 해고가 가능하다.

- 천재사변, 그 밖의 부득이한 사유로 사업을 계속하는 것이 불가능한 경우
- 근로자가 고의로 사업에 막대한 지장을 초래하거나 재산상 손해를 끼친 경우
- 계속 근로한 기간이 3개월 미만인 근로자의 경우

해고의 서면 통지 및 절차

≫ 서면통지

사용자는 근로자를 해고하려면 해고사유와 해고시기를 서면으로 통지해야 하며, 서면으로 통지하지 않은 해고는 무효가 된다.

≫ 해고 절차

⊚ 단체협약이나 취업규칙에서 정한 해고 절차를 반드시 따를 것

⊚ 징계(인사)위원회를 공정하게 구성

⊚ 본인의 해고 사유를 회의 개최 전에 통지

⊚ 징계(인사)위원회에 본인의 출석과 충분한 소명 기회 부여

12

사직서의 제출과 업무처리

합의에 의한 근로계약의 해약

합의에 의한 근로계약의 해약이란 근로자 본인의 요구에 대해서 회사가 승낙함으로써 근로계약을 종료시키는 것으로, 쌍방의 합의에 의해 종료된다는 점에서 해고 및 사직과 구별된다.

사직서의 제출

사직이란 임의퇴직을 의미한다. 이는 근로자 일방의 의사표시로 근로계약을 종료시키는 것으로 사직에 관해서는 관계 법령이 없으므로 특별한 사정이 없으면 근로계약을 종료시키는 취지의 해약 고지로 볼 수 있다.

사직서는 회사와의 근로계약 관계를 해지하는 의사표시를 담고 있는 것이므로 당사자 사이의 근로계약 관계는 회사가 사직서를 수락하는 합의해지 또는 의원면직이 성립하게 되는 것이다.

퇴직 의사는 근로자가 구두 또는 서면으로 제약 없이 행할 수 있다. 다만, 퇴직이 성립되었다는 것을 입증하기 위해서 서면으로 제출하는 것이 필요하다.

📋 사직서의 효력

민법 제660조에 의거 근로자 해약의 자유를 보장받게 된다. 이때 근로계약 기간의 정함이 없는 경우에는 근로자가 자유로이 근로계약을 해지할 수 있으나 그 해지의 효력은 원칙적으로 근로자가 정하는 것은 아니다. 즉, 근로자가 제출한 사직서에 기재된 일자가 퇴사일이 되는 것이 아니다.

일반적으로는 근로자가 정한 퇴사일로 결제하는 것이 대부분이지만 중요업무 진행 등을 위해서 결제를 하지 않고 보류할 수도 있다.

회사가 사직을 보류하는 경우 사직의 효력은 근로자의 사직의사를 통보받은 날부터 1개월이 경과하거나 당기 후 1임금지급기를 경과하게 되면 효력이 발생하게 된다. 이와 같은 이유에서 사직을 1개월 이전에 통보하는 것으로 정하는 경우가 많다. 이는 법률적으로 상호 간에 위반되는 사실이 없으며, 이 기간동안 중요한 업무를 해결하거나 인원을 충원하여 업무 공백으로 인한 회사손실을 막을 수 있기 때문이다.

1개월 이전에 사직 의사를 알아야 급여담당자가 퇴직 금품청산을 준비하기에 수월하다.

만일 퇴사일 이후 발생되는 임금이 없는 경우에 건강보험 퇴직정산 및 징수해야 할 세액이 발생한다면 근로자에게 직접 받아 내야 하는 절차가 생길 수 있으므로 유의해야 한다.

간단하게 정리하자면 사직서를 제출한다고 해서 그 사직서에 기재된 일자가 반드시 사직 일이 되는 것은 아니며, 사직서의 효력은 제출 후 1개월이 된다.

 사직에 따른 업무

❶ 사직서 결재

❷ 근로자 사직 후 사직(퇴직) 일로부터 14일 이내 4대 보험 상실신고

❸ 건강보험 퇴직 정산금액 확인(환급 또는 징수분 발생) 후 급여반영. 이때 징수분이 발생하고, 퇴사일 이후 지급해야 하는 급여가 없다면 퇴직금에서 징수. 1년 미만 근로자의 경우 퇴직금이 발생하지 않으므로 퇴직 전 지급되는 급여에서 퇴직에 따라 징수해야 하는 예상 금액을 예수한다.

❹ 구내식당 미지원 부분 이용내역 징수

❺ 잔여 연차수당 지급 및 초과 사용분 정리

❻ 당해 연도 세액 결정(원천징수영수증 작업)

❼ 사직(퇴직) 일로부터 14일 이내 퇴직금 지급 등 퇴직 금품 지급 완료

❽ 원천세 신고 시 반영

13
사표를 제출해도 사표를 수리해주지 않는 경우

사직서 제출 시 회사에서 사표 수리를 해주지 않았을 경우, 원칙적으로 회사에서 사규나 취업규칙, 근로계약 등에 의해서 근로의 기간을 정한 경우에는 그 계약기간이 끝났을 때, 그 기간의 정함이 없는 근로계약의 경우에는 일반적으로 해당 직원이 퇴직 의사를 밝힌 후 1개월 또는 그다음 월급 지급기간이 끝난 후 자동으로 퇴사 처리된다.

이와 관련한 노동부 예규(퇴직의 효력 발생시기)와 민법 제660조에 의하면 근로기간의 정함이 없는 경우 퇴사의 시기는 다음과 같다.

❶ 사표 제출 후 사용자가 이를 수락 시 또는 단체협약 및 취업규칙에 따라 처리

❷ 사표를 수리하지 않거나 특약이 없는 경우 퇴직의 의사표시 후 1달이 경과 후

❸ 근로자의 임금이 일정한 기간급으로 정기지급 시 의사표시를 통고받은 당기 후 1지급기가 경과한 후(다음 임금 지급기일까지 근무)

구 분	퇴사처리 시점
기간으로 보수 (월급제 근로자)를 정한 때	상대방이 해지의 통고를 받은 당기 후의 1임금 지급기가 경과함으로써 해지의 효력이 생긴다. 즉, 월급제 근로자의 경우, 사표를 제출한 당기(월급제의 경우 그달) 후의 1임금 지급기(그 다음 달)가 경과하면 효력이 발생한다. 예를 들어, 전월 1일부터 30일까지의 근무에 대한 급여를 그달의 말일인 30일에 지급받는 경우 10월 10일에 사직서를 제출했다면, 근로계약의 해지 의사표시(사직서 제출)를 통보한 날(10월 10일)로부터 10월 30일까지의 당기 이후 1 임금지급기(11월 1일~11월 30일)가 경과한 12월 1일에 근로관계는 자동 해지되는 것이다.
계약기간을 정한 경우	그 기간이 만료되면 연장의 합의가 없는 경우 자동으로 퇴사 처리
계약기간을 정하지 않은 경우	해당 직원이 퇴직의사를 밝힌 후 1개월이 지난 후

그러므로 일반적으로 일급으로 계산해서 한 달을 단위로 지급되는 근로자(월급제 근로자)의 경우에는 사용자의 퇴사 처리가 되지 않으면 1달 후에 자동으로 퇴사 처리가 되므로 사직서 제출 후 결근으로 인한 "평균임금" 저하로 "퇴직금"을 손해 보는 일이 없도록 주의해야 한다.

그러나 매일매일 근로계약을 체결하고 임금을 받는 일용직은 퇴사 의사표시 후 사용자의 의사와 관계없이 그다음 날로부터 퇴사한 것으로 처리된다.

사직서와 관련하여 근로자가 반드시 알아야 하는 사항을 반드시 숙지하고 근로자가 사직서와는 별도로 해당 회사의 "업무인수·인계 규정"에 의해서 업무 인수인계를 해야만 나중에 퇴사 후 번거로움을 방지할 수 있으니 인수인계 내용을 나름대로 정리하여 " 업무 인수 인계서"를 작성하는 것이 좋다.

14

퇴직금의 계산 방법과 지급

퇴직금 지급기준

퇴직금은 1년 이상 계속 근로한 근로자가 퇴직하는 경우 지급한다. 사업주의 승인하에 이루어진 휴직기간도 계속근로기간에 포함되나, 개인적인 사유(유학 등)에 의한 휴직기간은 단체협약, 취업규칙 등으로 퇴직금 산정을 위한 계속근로기간에 합산하지 않을 수 있다.

[계속근로기간에 포함되는 기간]

1. 사업장 휴업기간
2. 개인적 질병으로 인한 휴직, 휴무기간
3. 노동조합 전임자로 근무한 기간
4. 일용근로자로 근무하다가 정규사원이 된 경우 일용근로자로 근무한 기간
5. 형사사건으로 인한 구금기간(해고조치가 없는 경우)
6. 직업능력개발 훈련기간, 수습 및 시용기간
7. 쟁의행위기간, 부당해고기간, 결근기간, 정직기간

8. 본연의 직무와 연관된 해외유학 기간

단, 계속 근로기간이 1년 미만인 근로자, 4주간 평균하여 1주의 소정근로시간이 15시간 미만인 근로자의 경우에는 퇴직금제도가 적용되지 않는다.

퇴직금 계산 방법

퇴직금 = 평균임금 × 30일 × 계속근로기간 ÷ 365

평균임금 = 퇴직 직전 3개월 임금 ÷ 3개월 총일수

평균임금이 근로자의 통상임금보다 작으면 통상임금을 평균임금으로 한다.

[퇴직금 자동계산]

〈http://www.moel.go.kr/retirementpayCal.do〉

평균임금을 사용하는 경우	통상임금을 사용하는 경우
● 퇴직급여(근로기준법 제34조) ● 휴업수당(근로기준법 제46조) ● 연차유급휴가수당(근로기준법 제60조) ● 재해보상 및 산업재해보상보험급여(근로기준법 제79조, 제80조, 제82조, 제84조 및 산업재해보상보험법 제36조) ● 감급제재의 제한(근로기준법 제95조) ● 구직급여(고용보험법 제45조)	● 평균임금 최저한도(근로기준법 제2조 제2항) ● 해고예고수당(근로기준법 제26조) ● 연장근로수당(근로기준법 제56조) ● 야간근로수당(근로기준법 제56조) ● 휴일근로수당(근로기준법 제56조) ● 연차유급휴가수당(근로기준법 제60조) ● 출산전후휴가급여(고용보험법 제76조) ● 그 밖에 유급으로 표시된 보상 또는 수당

≫ (명절) 상여금이나 연차수당의 평균임금 포함 여부

급여 계약 시에는 대부분 상여를 고려하지 않고 계약을 한 후 명절
이나 기타 상여를 지급하다가, 나중에 퇴직금 지급 시 그동안 지급한
상여가 퇴직금에 영향을 미친다는 사실을 알고 놀라는 경우가 많다.
그러나 모든 상여가 평균임금에 영향을 미치는 것은 아니다.

성과상여금(성과급)의 경우 고정적으로 일정 지급률에 의해 계속 지
급되었다면 평균임금에 포함된다. 평균임금에 포함되지 않는 성과상
여금은 기업경영실적에 따라 매년 지급률 및 지급유무가 변동이 되
는 것을 의미한다.

또한, 정기적 · 일률적으로 지급하는 경우라면 평균임금에 포함하고,
출근일 수에 따라 변동적으로 지급하거나 일부 근로자에게 지급하는
경우는 평균임금에 포함하지 않는다.

평균임금에 해당하기 위한 기준을 살펴보면 다음과 같다.

⊙ 근로계약서, 취업규칙, 노사 관행 등으로 지급의무가 정해져 있어야 한다.

⊙ 상여금 지급이 담당하는 업무와 상당한 연관성이 있어야 한다.

⊙ 지급 시기는 반드시 일정한 기간을 두어야 하는 것은 아니나, 우발적이지 않아야 한다.

⊙ 사용자가 상당한 재량권을 가지고 은혜적으로 지급되는 금품이 아니어야 한다.

⊙ 현금으로 지급되어야 한다(상품권이나 주식, 기타 동산들은 안 됨).

하지만, 위 평균임금에 해당하는 "정기적으로 받는 상여금"의 경우 연 상여금의 3개월 ÷ 12개월 치가 퇴직금 산정을 위한 평균임금(퇴직 직전 3개월 임금)에 포함이 된다. 또한, 연차수당도 3개월 ÷ 12개월 치가 퇴직금 산정을 위한 평균임금에 포함된다.

즉, 상여금이나 연차수당의 경우 직전 3개월 금액만 반영한다면 퇴사 일에 따라 퇴직금이 변동될 수 있으므로, 형평성을 위하여 연간 총금액에 3개월 ÷ 12개월을 곱하여 산정된 금액을 퇴직 이전 3개월 동안 받은 임금에 포함을 시킨다.

예를 들어 9월 30일에 퇴직한 근로자의 경우에는 퇴직일을 기점으로 1년간 지급받은 상여금을 퇴직금 산정을 위한 평균임금에 포함해야 한다. 즉, 1년간 300만원을 상여금으로 받았다면,

300만원 × 3개월 ÷ 12개월 = 75만원

75만원이 평균임금 계산 시 평균임금에 포함되는 금액이다.

≫ 연차수당이 있는 경우 평균임금의 계산방법

연차수당도 상여금과 같이 3개월분을 포함시켜야 한다.

연차수당은 전전연도에 발생한 연차수당 보상 분을 퇴직금의 평균임금에 산입하고, 퇴사와 동시에 발생하는 연차수당은 퇴직금 산정에서 제외한다.

퇴직하기 전 이미 발생한 연차유급휴가 미사용 수당

퇴직 전전연도 출근율에 의해서 퇴직 전년도에 발생한 연차유급휴가 중 미사용하고 근로한 일수에 대한 연차유급휴가 미사용 수당의 3 ÷ 12을 퇴직금 산정을 위한 평균임금 산정 기준임금에 포함한다.

퇴직으로 인해 비로소 지급사유가 발생한 연차유급휴가 미사용 수당

퇴직전연도 출근율에 의해서 퇴직연도에 발생한 연차유급휴가를 미사용하고 퇴직함으로써 비로소 지급사유가 발생한 연차유급휴가 미사용 수당은 평균임금의 정의상 산정사유 발생일 이전에 그 근로자에 대해서 지급된 임금이 아니므로 퇴직금 산정을 위한 평균임금 산정 기준임금에 포함되지 않는다.

구 분	처리방법
퇴직 전전연도 출근율에 의해서 퇴직 전년도에 발생한 연차유급휴가 중 미사용 수당	3÷12를 퇴직금 산정을 위한 평균임금 산정 기준임금에 포함한다.
퇴직 전연도 출근율에 의해서 퇴직연도에 발생한 연차유급휴가를 미사용하고 퇴직함으로써 비로소 지급사유가 발생한 연차유급휴가 미사용 수당	퇴직금 산정을 위한 평균임금 산정 기준임금에 포함되지 않는다.

다만, 사업장에서 근로기준법 제61조에 따라 연차휴가사용촉진을 하였음에도 근로자가 연차휴가를 사용하지 않은 경우라면 사용자는 그 사용하지 않은 휴가에 대해서 보상할 의무가 없는바, 이 경우 보상할 연차휴가 미사용 수당이 없다면 평균임금 산정에 포함되지 않는다.

≫ 무단결근 시 평균임금 산정방법

업무 외 부상이나 질병, 그 밖의 사유로 사용자의 승인을 받아 휴업한 기간은 평균임금 산정에서 제외하도록 규정하고 있다(근로기준법 시행령 제2조 제1항 제8호). 즉, 개인적인 사유라 하더라도 사용자의 승인을 받아 휴업한 기간에 대해서는 평균임금 산정기간에서 제외하고 평균임금을 산정해야 한다. 단, 개인적인 사유로서 사용자의 승인을 받지 않은 기간과 무단결근기간은 평균임금 산정기간에 포함한다.

이같이 평균임금 산정에서 제외되는 기간을 설정한 법적 취지는 근로자의 평균임금이 과도하게 줄어들어 퇴직금 등 산정에 불이익을 받는 일이 없도록 하는 취지이다.

구 분	처리방법
업무 외 부상이나 질병, 그 밖의 사유로 사용자의 승인을 받아 결근한 기간	평균임금 산정 기간에서 제외
개인적인 사유로서 사용자의 승인을 받지 않은 기간과 무단결근기간	평균임금 산정 기간에 포함

≫ 평균임금의 최저한도

평균임금이 그 근로자의 통상임금보다 적으면 그 통상임금을 평균임금으로 한다(근로기준법 제2조 제2항).

 5인 미만 사업장의 퇴직금 계산

[상시근로자 5인 미만 사업장의 근속기간별 퇴직급여 지급]

계속근로기간	퇴직급여 지급
2010.12.1. 이전	퇴직금의 지급의무가 없다.
2010.12.1.~2012.12.31.	평균임금 × 30일 × 계속근로기간 ÷ 365 × 50% 이상
2013.1.1.~	평균임금 × 30일 × 계속근로기간 ÷ 365

예를 들어 상시 5명 미만인 사업장에서 2009년 7월 1일에 입사하여 2021년 6월 30일까지 근무 후 퇴직하는 경우

해 설

1. 퇴직급여 산정을 위한 계속근로기간 : 2010년 12월 1일~2021년 6월 30일(10년 7개월)
2. 50% 적용기간 : 2010년 12월 1일 ~ 2012년 12월 31일(761일)
3. 100% 적용기간 : 2013년 1월 1일 ~ 2021년 6월 30일(3,102일)
4. 퇴직급여 산정 : (30일분의 평균임금 × 761 ÷ 365 × 1/2) + (30일분의 평균임금 × 3,102 ÷ 365)

퇴직금 계산사례

퇴직금 계산서

입 사 일	2011년 01월 01일				
퇴 사 일	2022년 10월 15일				
근 속 기 간	11 년	9 월	14 일	근속일수 :	4,305 일
급 여 지 급 기 간	2022년 7월 16일 2022년 7월 31일 16일	2022년 8월 1일 2022년 8월 31일 31일	2022년 9월 1일 2022년 9월 30일 30일	2022년 10월 1일 2022년 10월 15일 15일	계 92일
기 본 급	1,000,000	2,000,000	2,000,000	1,000,000	6,000,000
제 수 당	100,000	100,000	100,000	100,000	400,000
식 대 수 당	100,000	100,000	100,000	100,000	400,000
자 격 수 당					
직 책 수 당					
계	1,200,000	2,200,000	2,200,000	1,200,000	6,800,000
상 여	3월			2,000,000	2,000,000
	6월			2,000,000	2,000,000
	9월			2,000,000	2,000,000
	12월			2,000,000	2,000,000
	합계			2,000,000	8,000,000
1년간 받은 연차수당				1,500,000	1,500,000
3개월 평균 연차수당 및 상여금 = (8,000,000원 + 1,500,000원) ÷ 12 × 3					2,375,000
평 균 임 금 액	3개월간 임금총액	임금계 + 3개월간 상여금(6,800,000원 + 2,375,000원)			9,175,000
	일평균임금	3개월간 임금총액 ÷ 일수(9,175,000원 ÷ 92일)			99,728.26
퇴 직 금	99,728.26 × 30 × 근속일수 ÷ 365				35,287,410
공 제 액	사우회비	퇴직전환금	소득세	지방소득세	계
			851,570	85,150	936,720
실 제 수 령 액					34,350,690

15

퇴직연금(DB, DC)의 납입금액 계산

확정급여형(DB형) 퇴직연금의 납입

확정급여형 퇴직연금(DB형)의 납입액은 일반적인 퇴직금의 계산방식과 같다고 보면 된다. 즉, 30일분의 평균임금 × 계속근로연수의 금액을 납입한다고 보면 된다.

확정기여형(DC형) 퇴직연금의 납입

DC형 퇴직연금제도를 설정한 회사는 근로자의 연간 임금 총액의 1/12 이상에 해당하는 부담금을 가입자의 DC형 퇴직연금 계정에 납입 해야 하며, 이에 DC형 퇴직연금제도를 설정한 회사는 매년 1회 또는 매월 정기적으로 부담금을 납입하고 있다. 즉, 퇴직 시 평균임금으로 계산하여 퇴직급여를 산정하지 않는다.

여기서 임금은 근로기준법 제2조에서 정의된 '사용자가 근로의 대가로 근로자에게 임금, 봉급, 그 밖에 어떠한 명칭으로든지 지급하는 일체의 금품'을 말한다.

따라서 기본급과 장기근속 수당, 직책수당, 초과근무수당(연장근로, 야간근로, 휴일근로), 연차수당(연차휴가미사용 수당의 경우 전전년도 출근율에 따라 전년도에 발생한 연차휴가 미사용분을 올해 지급받은 것이라면 이를 임금 총액에 포함)은 임금 총액에 포함한다.

반면, 학자금과 의료비, 교통비의 경우 자녀의 입학금이나 등록금에 대해 실비 지원하거나, 의료 실비를 지원하고, 실제 업무에 드는 교통비를 정산하는 차원이라면 실비변상적 성격의 금품으로 임금 총액에 포함되지 않으나 취업규칙이나 근로계약을 통해 지급요건과 지급률을 정해 고정적으로 일정 금액을 지급한다면 이는 임금 총액에 포함된다.

또한 사용자가 포괄임금제를 이유로 법정수당에 미달하는 금액을 기준으로 산정한 임금 총액에 따라 DC형 부담금을 납입한 경우라면 법정수당을 포함한 임금 총액을 기준으로 부담금을 산정·납입 해야 한다. 즉, 포괄임금제도를 채택하는 회사가 포괄임금을 이유로 법정수당에 미달하는 임금을 지급했다고 하더라도 법정수당을 기준으로 산정·납입 해야 한다.

16

임직원의 퇴직소득세 계산 방법

퇴직소득세 계산구조

과세체계	비 고
퇴직급여액 = 퇴직소득금액	비과세 퇴직소득 제외
퇴직소득세 과세표준 = 퇴직소득금액 − 퇴직소득공제	(퇴직소득공제) 근속연수별 공제. 기본공제(퇴직소득금액의 40%)는 2016년부터 폐지
퇴직소득세 산출세액 → 퇴직소득세 과세표준에 12배수를 하여 원천징수세율(기본세율)을 적용	연분연승법 적용 [(퇴직소득세 과세표준 × 1/근속연수 × 12(= 환산급여)) − 차등공제] × 기본세율 ÷ 12 × 근속연수(2012. 12. 31. 이전 근속연수 분에 대해서는 (퇴직소득과세표준 × 1/근속연수) × 기본세율 × 근속연수)

》 퇴직소득금액

퇴직소득금액은 당해 연도 퇴직소득의 합계액(비과세금액은 제외)으로 한다.

≫ 퇴직소득 산출세액

$$(퇴직소득금액 - 근속연수공제) \times \frac{1}{전체근속연수} \times 12 = 환산급여$$

$$환산급여 - 환산급여공제 = 과세표준$$

$$과세표준 \times 기본세율 \times \frac{1}{12} \times 근속연수 = 산출세액$$

≫ 근속연수공제

근속연수	공제액
5년 이하	30만원 × 근속연수
5년 초과 10년 이하	150만원 + 50만원 × (근속연수 - 5년)
10년 초과 20년 이하	400만원 + 80만원 × (근속연수 - 10년)
20년 초과	1,200만원 + 120만원 × (근속연수 - 20년)

📑 근속연수는 퇴직금 산정기준이 되는 기간을 말하며, 근속연수 계산시 1년 미만은 1년으로 한다. 예를 들어 근속연수가 1년 1개월인 경우 2년으로 한다.
📑 당해 연도에 2회 이상 퇴직한 경우도 퇴직소득공제는 1회만 적용한다.

≫ 환산급여공제

환산급여	공제액
800만 원 이하	환산급여 × 100%
800만원 ~ 7,000만원	800만원 + (환산급여 - 800만원)× 60%

환산급여	공제액
7,000만원 ~ 1억 원	4,520만원 + (환산급여 − 7,000만원)× 55%
1억원 ~ 3억 원	6,170만원 + (환산급여 − 1억 원)× 45%
3억원 ~	1억 5,170만원 + (환산급여 − 3억 원)× 35%

≫ 퇴직소득세 계산사례

- 입사일 : 2005년 7월 10일
- 퇴사일 : 2022년 9월 25일
- 퇴직금 : 51,689,290원인 경우

 설

$(51,689,290원 − 10,400,000원) × \dfrac{1}{18} × 12 = 27,526,193원$

$27,526,193원 − 19,715,715원 = 7,810,478원$

- 환산급여공제 = 8,000,000원 + (27,526,193원 − 8,000,000원) × 60%

$7,810,478원 × 기본세율 × \dfrac{1}{12} × 18 = 702,940원$

퇴직소득에 대한 원천징수

원천징수의무자가 퇴직소득을 지급할 때 원천징수 하는 소득세는 다음에 따라 계산한다.

구 분	징수세액
퇴직소득을 받는 거주자가 이미 지급받은 퇴직소득이 없는 경우	지급할 퇴직소득세 과세표준에 원천징수세율을 적용해서 계산한 금액

구 분	징수세액
퇴직소득을 받는 거주자가 이미 지급받은 퇴직소득이 있는 경우	이미 지급된 퇴직소득과 자기가 지급할 퇴직소득을 합계한 금액에 대하여 퇴직소득세액을 계산한 후 이미 지급된 퇴직소득에 대한 세액을 뺀 금액

■ 소득세법 시행규칙[별지 제24호서식(2)] <개정 2020. 3.13.>

퇴직소득원천징수영수증/지급명세서

{ [ ] 소득자 보관용   [ ] 발행자 보관용   [ ] 발행자 보고용 }

관리번호		

거주구분	거주자1/ 비거주자2	
내외국인	내국인1/ 외국인9	
종교관련종사자 여부	여 1/ 부 2	
거주지국	거주지국코드	
징수의무자구분	사업장	

징수의무자	①사업자등록번호		②법인명(상호)		③대표자(성명)	
	④법인(주민)등록번호		⑤소재지(주소)			
소득자	⑥성 명		⑦주민등록번호			
	⑧주 소				(9) 임원여부	여
	(10) 확정급여형 퇴직연금 제도 가입일				(11) 2011.12.31.퇴직금	

귀 속 연 도	2022-01-01 부터 2022-09-25 까지	(12) 퇴직사유	[ ]정년퇴직 [ ]정리해고 [●]자발적 퇴직 [ ]임원퇴직 [ ]중간정산 [ ]기 타

퇴직급여현황	근 무 처 구 분	중간지급 등	최종	정산
	(13) 근무처명			
	(14) 사업자등록번호			
	(15) 퇴직급여	-	51,689,290	51,689,290
	(16) 비과세 퇴직급여	-		
	(17) 과세대상 퇴직급여(15-16)	-	51,689,290	51,689,290

근속연수	구 분	(18)입사일	(19)기산일	(20)퇴사일	(21)지급일	(22)근속월수	(23)제외월수	(24)가산월수	(25)중복월수	(26)근속연수
	중간지급 근속연수									
	최종 근속연수	2005-07-10	2005-07-10	2022-09-25	2022-09-25	207	-	-	-	18
	정산 근속연수	2005-07-10		2022-09-25		207	-	-	-	18

과세표준계산	계 산 내 용	금 액
	(27)퇴직소득(17)	51,689,290
	(28)근속연수공제	10,400,000
	(29) 환산급여 [(27-28) × 12배 /정산근속연수]	27,526,193
	(30) 환산급여별공제	19,715,715
	(31) 퇴직소득과세표준(29-30)	7,810,478

퇴직소득세액계산	계 산 내 용	금 액
	(32) 환산산출세액(31 × 세율)	468,628
	(33) 퇴직소득 산출세액(32 × 정산근속연수 / 12배)	702,942
	(34) 세액공제	-
	(35) 기납부(또는 기과세이연) 세액	-
	(36) 신고대상세액(33 - 34 - 35)	702,942

이연퇴직소득세액계산	(37) 신고대상세액(36)	연금계좌 입금명세					(39) 퇴직급여(17)	(40) 이연 퇴직소득세 (37 × 38 / 39)
		연금계좌취급자	사업자등록번호	계좌번호	입금일	(38)계좌입금금액		
					-	-		
	-				-			-
		(41) 합 계				-		

납부명세	구 분	소득세	지방소득세	농어촌특별세	계
	(42) 신고대상세액(36)	702,942	70,294	-	773,236
	(43) 이연퇴직소득세(40)	-	-	-	-
	(44) 차감원천징수세액(42-43)	702,940	70,290	-	773,230

위의 원천징수세액(퇴직소득)을 정히 영수(지급)합니다.

년   월   일

징수(보고)의무자   (서명 또는 인)

세무서장   귀하

원천징수영수증 발급 및 지급명세서 제출

퇴직소득을 지급하는 자는 그 지급일이 속하는 달의 다음 달 말일까지 그 퇴직소득의 금액과 그 밖에 필요한 사항을 적은 퇴직소득 원천징수영수증을 퇴직소득을 지급받는 사람에게 발급해야 하며, 퇴직소득에 대한 소득세를 원천징수 하지 않은 때에는 그 사유를 함께 적어 발급한다.

소득세 납세의무가 있는 개인에게 퇴직소득을 국내에서 지급하는 자는 지급명세서를 그 지급일이 속하는 과세기간의 다음 연도 3월 10일(휴업 또는 폐업한 경우 휴업일 또는 폐업일이 속하는 달의 다음다음 달 말일)까지 원천징수 관할 세무서장, 지방국세청장 또는 국세청장에게 제출해야 한다.

원천징수의무자가 12월에 퇴직한 자의 퇴직급여액을 다음연도 2월 말일까지 지급하지 않는 때에는 2월 말일에 지급한 것으로 보아 앞서 설명한 절차를 진행한다.

퇴직소득에 대한 세액정산

퇴직자가 퇴직소득을 지급받을 때 이미 지급받은 다음의 퇴직소득에 대한 원천징수영수증을 원천징수의무자에게 제출하는 경우 원천징수의무자는 퇴직자에게 이미 지급된 퇴직소득과 자기가 지급할 퇴직소득을 합계한 금액에 대해서 정산한 소득세를 원천징수해야 한다.

❶ 해당 과세기간에 이미 지급받은 퇴직소득

❷ 근로제공을 위해서 사용자와 체결하는 계약으로서 사용자가 같은 하나의 계약(퇴직으로 보지 않을 수 있는 경우를 포함)에서 이미 지급받은 퇴직소득

세액정산(이미 지급된 퇴직소득과 자기가 지급할 퇴직소득을 합계한 금액에 대하여 퇴직소득세액을 계산한 후 이미 지급된 퇴직소득에 대한 세액을 뺀 금액을 납부하는 방법)은 퇴직자의 선택사항이나, 해당 과세기간에 이미 지급받은 퇴직소득은 반드시 합산해야 한다.

 ## 퇴직소득 과세표준 확정신고

해당 과세기간의 퇴직소득금액이 있는 거주자는 그 퇴직소득세 과세표준을 그 과세기간의 다음 연도 5월 1일부터 5월 31일까지 납세지 관할 세무서장에게 신고해야 한다(해당 과세기간의 퇴직소득 과세표준이 없을 때도 적용됨). 다만, 퇴직소득에 대한 원천징수를 통해서 소득세를 납부한 자에 대해서는 그 퇴직소득세 과세표준을 신고하지 않을 수 있다.

2인 이상으로부터 받는 퇴직소득이 있는 자가 퇴직소득세를 냄으로써 확정신고·납부를 할 세액이 없는 경우가 아니면 반드시 퇴직소득 과세표준 확정신고를 해야 한다. 이때 제출할 서류는 다음과 같다.

❶ 퇴직소득 과세표준 확정신고 및 납부계산서
❷ 퇴직소득 원천징수영수증 또는 퇴직소득 지급명세서

종업원에게 퇴직금을 지급 후 근무기간에 대한 퇴직금이 추가 발생하여 퇴직금을 추가로 지급하는 경우 추가 지급하는 퇴직금을 종전 지급한 퇴직금과 합산하여 납부할 소득세액을 재계산해야 할 것이며,

원천징수이행상황신고시 귀속연도는 퇴사한 날이며, 지급연도는 추가 퇴직금을 지급하는 날로 기재하여 제출하면 된다.

기존에 신고한 원천징수이행상황신고서를 수정하여 제출하는 것이 아님에 유의하기를 바라며(수정신고가 아니므로 가산세는 없는 것으로 보임), 원천징수이행상황신고서의 지급금액은 추가 지급하는 퇴직금을 기재하고 원천징수세액란에는 추가로 납부할 소득세액을 기재하면 된다.

퇴직금과 퇴직연금의 지급방법

 퇴직금과 퇴직연금의 지급방법

IRP는 근로자가 퇴직하거나 직장을 옮길 때 받은 퇴직금을 보관하고 운용하기 위한 용도로 사용됐다.

지금까지는 확정급여형(DB) 또는 확정기여형(DC) 퇴직연금에 가입한 근로자만 IRP로 퇴직금을 수령해야 했지만, 2022년 4월 14일부터는 DB 또는 DC 퇴직연금에 가입하지 않은 근로자라도 반드시 IRP 계좌를 개설해 퇴직금을 수령해야 한다. 단 55세 이후에 퇴직하거나 퇴직급여가 300만 원을 초과하지 않는 경우는 급여계좌로 수령할 수 있다.

절세효과도 탁월하다. 퇴직금을 IRP로 수령하면 퇴직소득세 과세이연 혜택을 받을 수 있다. 세금으로 냈어야 하는 금액까지 운용할 수 있게 되는데, 향후 연금으로 수령할 경우 원래 냈어야 할 퇴직소득세의 30~40%를 깎아준다. 퇴직금 외에 IRP로 1년에 1,800만 원까지 추가납부가 가능하고, 700만 원까지 세액공제 혜택도 받을 수 있다.

퇴직금과 퇴직연금의 지급일

DB형(퇴직금도 포함)의 경우, 퇴직연금사업자는 가입자의 퇴직 등 퇴직급여를 지급할 사유가 발생할 경우 14일 이내에 가입자가 지정한 개인형 퇴직연금제도(IRP)의 계정으로 이전해야 한다.

DC형의 경우, 사용자는 퇴직 등의 사유가 발생한 날로부터 14일 이내에 부담금과 지연이자를 해당 가입자의 확정기여형 퇴직연금 제도 계정에 납입해야 하고, 특별한 사정이 있는 경우에는 당사자 간의 합의에 따라 납입 기일을 연장할 수 있다.

Q 언제부터 IRP 계정으로 이전해야 하나요?

A 법 시행일인 2022년 4월 14일 이후(부터) 퇴직한 근로자부터 IRP 계정으로 이전하는 방식으로 퇴직금을 지급해야 합니다.

Q IRP 계정으로 이전 시 퇴직소득을 원천징수 하나요?

A 퇴직금 전액을 IRP 계정으로 이전하는 경우, 퇴직소득을 원천징수하지 않습니다. 퇴직소득세는 연금 또는 일시금을 수령하는 시점에 이연되어 과세됩니다.

Q IRP 계정은 어떻게 개설할 수 있나요?

A IRP 계좌는 근로자의 퇴직금을 계좌에 적립해 연금 등 노후 생활자금으로 활용할 수 있도록 하는 제도로, 퇴직하지 않더라도 근로자는 언제든지 퇴직연금을 취급하는 은행, 증권사, 보험사 등에서

개설할 수 있습니다.

Q 퇴직금 중간정산 시에도 반드시 IRP계정으로 지급해야 하나요?

A 퇴직금 중간정산은 주택구입 등 한정된 사유에 한하여 긴급한 생활자금이 필요한 근로자에게 퇴직금을 미리 정산하여 지급하는 것으로 중간정산 취지상 IRP 계정으로 지급하지 않아도 됩니다.

Q 퇴직하면 모든 근로자의 퇴직금을 IRP 계정으로 지급해야 하나요?

A 다음의 예외 사유에 해당하는 경우는 IRP 계정 등으로 지급하지 않아도 됩니다.

◈ 55세 이후 퇴직한 경우

◈ 퇴직급여액이 300만원 이하인 경우

◈ 사망으로 인한 당연퇴직 및 외국인 근로자가 국외 출국한 경우

◈ 타법령에서 퇴직소득을 공제할 수 있도록 한 경우

Q 근로자의 신용불량 등 사유를 들어 IRP 계정으로 지급하는 것을 거부해도 되나요?

A 사용자는 퇴직금의 IRP 계정 이전·지급 의무를 성실히 이행하여야 하며, 퇴직금을 근로자의 월급통장 등 일반계좌로 납입하는 것은 허용되지 않습니다.

위 예외 사유에 해당하지 않는 한, 가입자의 신용불량만을 이유로 하여 IRP 계정으로 지급하는 것을 거부할 수 없습니다.

Q IRP 개좌 미개설의 경우 퇴직연금 지급 방법

A 퇴직근로자가 IRP 계좌개설을 거부하는 경우 사용자로서는 퇴직급여 지급이 매우 곤란해집니다. 근로자퇴직급여보장법은 퇴직급여의 지급 방법을 가입자(근로자)가 55세 이후에 퇴직해 급여를 받는

경우 등 법령에서 정한 예외 사유가 아닐 경우 근로자 IRP 계정으로 이전토록 정하고 있으므로, 단순히 계좌개설 거부, 연락 두절 등의 사유로 IRP 계정 이전 이외의 방법으로 퇴직급여를 지급하는 것은 법 위반의 소지가 있습니다. 다만, 사용자가 퇴직금 지급기한이 도래하기 전까지 주소지 방문, 내용증명 등 사용자의 지급의무 이행 노력을 다했는데도 불구하고 근로자가 IRP 계좌개설을 거부해 부득이 퇴직급여를 지급할 수 없는 경우에 한해 예외적으로 일반계좌로 이전 또는 법원 공탁 등과 같은 방법으로 퇴직급여를 지급하는 것을 고려해 볼 수 있을 것입니다.

Q 퇴직금의 IRP 계좌 이전 의무 위반 시 형사처벌 여부

A 퇴직금을 14일 이내에 지급하지 않은 경우에 대한 처벌 규정(근로자퇴직급여보장법 제9조 제1항)을 두고 있지만, 퇴직금의 IRP 계정 이전 의무(근로자퇴직급여 보장법 제9조 제2항, 제3항) 위반에 대한 처벌 규정은 두고 있지 않다.

따라서 사용자가 퇴직금을 IRP 계정 이전의 방법으로 지급하지 않고 근로자의 일반계좌로 지급하는 등 이전 방법에 관한 법 규정을 위반한 경우 그 사법상 효력이 문제될 수 있다.

그러나 퇴직금의 IRP 계정 이전 의무에 관한 법적 성격에 대한 명시적 법 해석은 아직 나오지 않은 상황이므로, 이와 유사한 확정급여형 퇴직연금의 퇴직 시 지급에 관한 동법 제17조 제4항 및 5항에 대한 해석에 준하여 판단해야 한다.

이에 따라 사용자가 근로자의 일반계좌로 퇴직금을 14일 이내 지급한 경우라면 IRP 계정 이전의 방식을 준수하지 않았다는 이유만으로 퇴직금 미지급으로 보아 처벌하기 어렵다고 할 수 있다.

그리고 근로자가 IRP 계좌의 개설을 거부한 경우 등 근로자 측에 지연 지급의 원인이 있는 경우 사용자에게 퇴직급여 미지급의 형사 책임을 부과할 수 없다

이와 관련한 고용노동부 해석은 다음과 같다.

1. 퇴직급여에 해당하는 금액을 사용자가 부득이 가입자 명의의 일반 급여계좌로 14일 이내에 지급하였음에도 동법에서 정한 지급방식을 준수하지 않았다는 이유만으로 퇴직급여 미지급으로 보기는 어렵다(퇴직연금복지과-1950, 2015.06.08.).

2. 단순히 계좌개설 거부, 연락 두절 등의 사유로 IRP 계정 이전 이외의 방법으로 퇴직급여를 지급하는 것은 타당하지 않다. 다만, 사용자가 법정 기한이 도래할 때까지 주소지 방문, 내용증명 등 사용자의 지급의무 이행 노력을 다하였음에도 불구하고 근로자가 IRP계좌 개설을 거부하여 부득이 퇴직급여를 지급할 수 없는 경우에는 예외적으로 일반계좌로 이전 또는 법원 공탁 등과 같은 다른 방법으로 퇴직급여를 지급할 수 있을 것이다. 아울러, 퇴직급여 지연 지급의 원인이 근로자에게 있다면 사용자에게 퇴직급여 미지급 고의성이 있다고 보기 어려워 범죄 구성요건을 충족하기 어려울 것으로 사료되며, 이 경우 사용자의 미지급 퇴직급여에 대한 지연이자 지급의무도 없다고 봄이 타당하다(퇴직연금복지과-1201, 2017.03.14.).

18

퇴직연금 제도의
회계처리, 세금 원천징수

종업원이 근로자퇴직급여보장법에 따라 확정급여형퇴직연금(DB) 제도에서 퇴직연금일시금을 지급받는 경우는 퇴직연금제도를 설정한 사용자가 소득세를 원천징수 하는 것이고, 확정기여형퇴직연금(DC) 제도에서 퇴직연금일시금을 지급받는 경우에는 자산관리업무를 수행하는 퇴직연금사업자가 소득세를 원천징수 하는 것이며, 거주자가 지급받는 연금은 급여를 지급하는 퇴직연금사업자가 소득세를 원천징수 한다. 즉, DB는 회사가 DC, IRP는 퇴직연금사업자(금융회사)가 원천징수의무자가 된다.

❶ 퇴직금 및 확정급여형(DB형) : 원천징수의무자는 회사

DB형 퇴직연금 가입자가 퇴직시 퇴직연금일시금을 지급하는 경우 원천징수의무자는 사용자이므로 사용자가 원천징수의무, 지급명세서 제출의 의무가 있다.

❷ 확정기여형(DC형) : 원천징수의무자는 자산관리운용사

❸ 확정기여형(DC형)의 납부가 100%가 아닌 경우는 차액을 회사가 부담할 때는 그 차액에 대한 퇴직금은 회사에서 지급하고 원천징수 신고·납부 한다.

❹ 퇴직연금계좌에서 IRP계좌로 이체할 때 원천징수 의무자 : ❶, ❷, ❸과 같음. IRP로 이체 여부와 원천징수의무자는 무관함.

사용자는 퇴직금 및 확정급여형(DB)형 퇴직연금을 과세이연계좌(IRP)에 이전하여 퇴직소득이 과세이연됨에 따라 퇴직소득세를 원천징수하지 않는 경우는 '퇴직소득 지급명세서'를 작성하여 과세이연계좌(IRP)를 취급하는 퇴직연금 사업자에게 즉시 통보해야 한다.

❺ 과세이연한 후 근로자가 IRP 계좌를 해지하여 퇴직금을 지급받는 때에 원천징수 의무자 : IRP 계좌 운용하는 연금사업자

❻ 확정급여형 DB형과 확정기여형 DC형이 동시에 있는 경우의 원천징수 의무자

동시에 다른 유형이 있는 경우도 각각의 DB형은 회사가 원천징수하며, DC형은 퇴직연금사업자(금융기관)가 원천징수 한다.

퇴직금을 먼저 지급하는 쪽이 퇴직소득원천징수영수증을 작성하여 나중에 지급하는 쪽에 이를 통보, 이후 나중 지급자가 합산 정산하여 원천징수 한다.

19

퇴직연금 지급 시
원천징수 신고 방법

구 분	DC형(확정기여형)	DB(확정급여형)
개념	사용자 부담금이 사전에 확정 적립금 운용에 대한 책임을 근로자 개인이 부담 (기업으로부터 받은 퇴직적립금을 근로자가 직접 선택한 금융 상품에 운용)	근로자 급여가 사전에 확정 적립금 운용에 대한 책임을 사용자가 부담 (연금총액이 기존 퇴직금 총액과 같다)
퇴직금 운용 주체 및 적립금 운용수익	근로자에 귀속 적립금 운용수익 ➜ 근로자의 것	회사에 귀속 적립금 운용수익 ➜ 회사의 것
불입금액	연간 임금 총액의 1/12 이상	퇴직금추계액의 60%~100% 이상
퇴직급여 수준	적립금 운용실적에 따라 다름 (매년 지급된 퇴직급여의 합 ± 운용수익)	퇴직 시 평균임금 30일분 × 근속연수
지급 방법	퇴직연금 사업자는 근로자가 지정한 개인형 퇴직연금제도의	근로자 이직·퇴직 시 사용자는 퇴직 후 14일 이내에 퇴직

구 분	DC형(확정기여형)	DB(확정급여형)
	계정으로 퇴직급여 전액을 지급한다. 근로자는 퇴직 시 자기 계정에서 운용 중인 자산을 그대로 동일 사업자의 개인형 퇴직연금 제도 계정으로 이전이 가능하다.	연금사업자에게 퇴직급여 지급을 지시한다. 퇴직연금 사업자는 근로자가 지정한 개인형 퇴직연금 제도(IRP)의 계정으로 퇴직급여 전액을 지급한다. 전액 지급의 예외 사유가 발생하는 경우, 퇴직급여 부족분은 사용자가 지급한다.
부담금 적립시	(차) 퇴직급여 ××× (대) 현금(보통예금) ××× ➜ 전액 비용처리(임원, 직원 구분 없이 전액 손금산입. 그러나 임원의 경우 퇴직 시 실제 불입금액 기준으로 한도액 계산해야 함)	(차) 퇴직연금운용자산 ××× (대) 현금 ××× ➜ 부채 부분에 퇴직급여충당부채의 차감 항목으로 표시됨. 그러나 퇴직급여충당부채 잔액이 없으면서 퇴직연금 DB가입 시 투자자산으로 설정
운용수익 인식	회사는 인식 없다.	(차변) 퇴직연금운용자산 ××× (대변) 이자수익 ××× (손실도 인식)
운용, 자산관리 수수료	(차변) 지급수수료 ××× (대변) 현금 ×××	(차변) 지급수수료 ××× (대변) 현금 ×××
직원 퇴직하는 경우	회계처리 없음 ➜ 1년 미만 근로자가 퇴직 시 다시 환입되어 오는 데 이 경우에는 (차변) 보통예금 ××× (대변) 퇴직연금환입 ×××	일시금으로 받는 경우 (차변) 퇴직급여충당부채 ××× (차변) 퇴직급여 ××× (대변) 퇴직급여운용자산 ××× (대변) 보통예금(현금) ×××

구 분	DC형(확정기여형)	DB(확정급여형)
		연금으로 받는 경우 (차변) 퇴직급여충당부채 ××× (대변) 퇴직연금미지급금 ×××
원천징수의무자 : 천징수영수증 발급자	퇴직연금 사업자(금융기관) : 퇴직연금 사업자가 원천징수영수증을 퇴직자에게 발급	회사(고용부) : 사용자가 원천징수영수증을 퇴직자에게 발급
원천징수이행상 황신고서 작성 및 제출	회사는 원천징수이행상황신고 서에 기재할 내용 없음(퇴직 연금 사업자가 원천징수이행 상황신고서에 인원과 지급금 액, 징수세액을 기재하여 제 출함)	회사가 원천징수이행상황신고서 퇴직소득 란에 인원과 지급금액, 징수세액을 기재하여 제출함(단, 이연퇴직소득이 있는 경우에는 퇴직소득 지급금액을 기재하고 원천징수세액은 0으로 기재함)
지급명세서 제출	회사가 제출할 서류 없음(퇴 직연금 사업자가 퇴직소득 지 급일이 속하는 과세기간의 다 음 연도 3월 10일까지 연금계 좌 지급명세서를 제출함)	회사가 퇴직소득 지급일이 속하 는 과세기간의 다음 연도 3월 10일까지 제출(과세이연 시 원 천징수세액 0으로 하여 지급명 세서 제출)

 ## 원천징수이행상황신고서 작성

퇴직금을 IRP계좌로 과세이연한 사업장의 원천징수이행상황신고서
작성은 일반퇴직금은 그외(A22)란에 총지급액을 기재하고, 소득세와
지방소득세는 0원으로 기재한다.

그리고 DB형 퇴직연금 또는 회사가 직접 지급하는 퇴직금 등 원천
징수의무자가 일반회사인 경우는 "그외(A22)"란에 인원, 총지급액을

기재(IRP 계좌로 지급하여 과세이연된 경우 징수세액란은 0원으로 공란)하여 제출한다.

"연금계좌(A21)"란은 원천징수의무자가 연금계좌(DC형 퇴직연금, IRP, 연금저축에서 지급되는 경우)를 취급하는 금융기관만 연금계좌 란에 기재하는 것이다.

연금계좌(A21)란은 연금계좌사업자만 작성하는 란이고, 연금계좌사 업자가 아닌 일반사업자는 그 외(A22)란에 이연 퇴직소득세를 작성 한다.

[퇴직금 및 퇴직연금에 대한 회사 처리업무]

확정기여형(DC형)	확정급여형(DB형)과 퇴직금
DC형 가입 퇴직자들은 금융사에서 원천징수이행상황신고서와 퇴직소득원천징수지급명세서(=퇴직소득원천징수영수증)를 신고해준다. DC형 퇴직연금과 관련해서는 불입하는 것 이외에는 신경 쓰지 않아도 된다.	회사에서 원천징수이행상황신고서는 퇴직 월의 다음달 10일까지 신고한다. 퇴직금을 안 줬어도 1~12월 중 발생한 퇴직금을 2월 말까지 준 것으로 간주하여 3월10일까지 신고한다. 회사에서 퇴직소득원천징수지급명세서(=퇴직소득원천징수영수증)를 다음 해 3월 10일까지 제출한다.

 퇴직소득원천징수영수증 작성

퇴직소득원천징수영수증상 15번 퇴직급여에는 총퇴직금 400만 원을 기재하고 15번 금액에서 비과세급여를 차감한 후 금액이 17번 퇴직 급여에 기재되면 된다. 38번에 계좌 입금금액에는 퇴직금 총액 400 만 원이 기재되어야 한다. 그래서 40번 이연퇴직소득세액이 퇴직소득세 전체금액이 되므로 원천징수할 세액이 없게 된다.

퇴직소득세를 원천징수할 세액이 없으므로 원천징수이행상황신고서 상에는 기재 될 금액이 없다.

■ 소득세법 시행규칙[별지 제24호서식(2)] <개정 2020. 3.13.>

퇴직소득원천징수영수증/지급명세서

([ ] 소득자 보관용 [ ] 발행자 보관용 [ ] 발행자 보고용)

구분	내용	금액
(15)퇴직급여		4,000,000
(17)과세대상 퇴직급여(15-16)		4,000,000
(27)퇴직소득(17)		4,000,000
(28)근속연수공제		500,000
(29)환산급여[(27-28) × 12배 /정산근속연수]		20,400,000
(30)환산급여별공제		15,440,000
(31)퇴직소득과세표준(29-30)		4,960,000
(32)환산산출세액(31 × 세율)		297,600
(33)퇴직소득 산출세액(32 × 정산근속연수 / 12배)		49,600
(36)신고대상세액(33 - 34 - 35)		49,600

이연퇴직소득세액계산

	소득세	지방소득세	농어촌특별세	계
(42)신고대상세액(36)	49,600	4,960		54,560
(43)이연퇴직소득세(40)	49,600	4,960		54,560
(44)차감원천징수세액(42-43)	-	-		-

위의 원천징수세액(퇴직소득)을 정히 영수(지급)합니다.

세무서장 귀하

① 신고구분						원천징수이행상황신고서 원천징수세액환급신청서		② 귀속연월	2022년 7월
매월	반기	수정	연말	소득처분	환급신청	☐ 원천징수이행상황신고서 ☐ 원천징수세액환급신청서		③ 지급연월	2022년 7월

원천징수 의 무 자	법인명(상호)	○○○	대표자(성명)	△△△	일괄납부 여부	여 부
					사업자단위과세 여부	여 부
	사업자(주민)등록번호	xxx-xx-xxxxx	사업장 소재지	○○○○○	전화번호	xxx-xxx-xx
					전자우편주소	00@00.00

❶ 원천징수 명세 및 납부세액 (단위 : 원)

소득자 소득 구분			코드	원천징수명세					⑨ 당월 조정 환급세액	납부 세액	
				소득지급 (과세 미달, 일부 비과세 포함)		징수세액				⑩ 소득세 등 (가산세 포함)	⑪ 농어촌 특별세
				④ 인원	⑤ 총지급액	⑥ 소득세등	⑦ 농어 촌특 별세	⑧ 가산세			
개인 (거주자·비거주자)	근로소득	간이세액	A01	5	20,000,000	900,000					
		중도퇴사	A02								
		일용근로	A03	2	2,000,000	0					
		연말정산 합계	A04								
		연말정산 분납신청	A05								
		연말정산 납부금액	A06								
		가감계	A10	7	22,000,000	900,000				900,000	
	퇴직소득	연금계좌	A21								
		그 외	A22	1	4,000,000	0					
		가감계	A20	1	4,000,000	0				0	
	사업소득	매월징수	A25								
		연말정산	A26								
		가감계	A30								
	기타소득	연금계좌	A41								
		종교인소득 매월징수	A43								
		종교인소득 연말정산	A44								
		그 외	A42	2	1,000,000	200,000					
		가감계	A40	2	1,000,000	200,000				200,000	
	연금소득	연금계좌	A48								
		공적연금(매월)	A45								
		연말정산	A46								
		가감계	A47								
	이자소득		A50								
	배당소득		A60								
	저축 등 해지 추징세액 등		A69								
	비거주자 양도소득		A70								
법인	내·외국법인원천		A80								
	수정신고(세액)		A90								
	총합계		A99	10	27,000,000	1,100,000				1,100,000	

❷ 환급세액 조정 (단위 : 원)

전월 미환급 세액의 계산			당월 발생 환급세액				⑱조정대 상 환급세액 (⑭+⑮+⑯ +⑰)	⑲ 당월조정 환급세액 계	⑳ 차월이월 환급세액 (⑱-⑲)	㉑ 환 급 신청액
⑫ 전월미환급 세액	⑬ 기 환 급 신청세액	⑭ 차감잔액 (⑫-⑬)	⑮ 일반 환급	⑯ 신탁재산 (금융회사 등)	⑰ 그밖의 환급세액 금융 회사 등	⑰ 그밖의 환급세액 합병 등				

20

퇴사할 때 인수인계

근로기준법에는 근로자가 퇴사 시 퇴사일 30일 전에는 반드시 사용자에게 통보해야 한다고 명시되어 있다.

따라서 30일, 즉 1개월은 근로자나 회사입장에서 근로기준법에서 인정하는 꼭 필요한 유예기간인 셈이다.

채용공고를 내고, 지원자 입사서류를 검토하고, 면접자 면접 보고, 합격자 통보하고, 인수인계를 해줘야 하는 기간을 1개월로 본다.

근로기준법에는 인수인계를 안 해주면 근로자에게 법적으로 피해가 온다는 내용은 솔직히 없다.

그렇지만 민사로까지 갈 수는 있다.

다시 말해서 근로자가 인수인계를 안 해서 발생할 수 있는 정신적, 물질적인 손해배상을 사업장에서 민사소송으로 갈 수 있는 자격이 생긴다는 것이다. 중요한 것은 민사소송을 걸 수 있는 자격을 사용자에게 준다는 것이 중요하다. 따라서 사업장에서 소송 걸 수 있는

빌미를 주지 말아야 한다는 것이다.

이렇게 소송까지 가는 경우 회사가 승소하는 경우가 대부분이다. 그렇게 되면 근로자는 회사에게 피해보상으로 인한 금전을 보상해줘야한다. 이는 근로기준법과 무관한 민사로 진행된다.

그리고 요즘에는 회사 이직 시에 지원자들의 전 회사에 전화를 걸어그 직원의 평판을 물어보는 사례가 많다. 따라서 인수인계를 제대로안 해서 사업장과 문제가 발생하면 그 사실 그대로 전달되기 때문에다른 회사에 입사할 때도 치명타가 될 수 있다.

학생 시절과는 달리 사회생활은 내 기분대로 내 감정대로 하면 안된다. 반드시 내가 행동한 것만큼 나에게 돌아오는 것이 사회이므로반드시 약속한 것을 지켜야겠다.

특히 재무나 경리업무와 같이 금전을 다루는 업무는 업무의 단절이있을 때 금전 손해와 연결되기 때문에 주의를 해야 하며, 전문직이나 특수직종, 거래처와 원만한 관계의 유지가 필요한 영업직은 업무인수인계를 안 하는 경우 손해가 발생할 가능성이 크다.

또한, 업무상 필요한 자료나 데이터 파일 등을 무단으로 가져가거나회사에 반납하지 않을 때는 손해배상 책임을 질 가능성이 크다.

21

직원 퇴직 후에도
보관해두어야 할 서류

 계약서류 보존 의무

퇴사의 절차
사직서를 제출받는다.
4대 보험 상실신고를 한다.
퇴직금과 급여정산을 한다.
출입카드를 회수한다.
원천징수영수증과 각종 증명서(재직증명서, 경력증명서, 급여명세서 등)를 발급한다.

근로기준법 제42조에서 회사는 근로자명부와 근로계약에 관한 중요한 서류(근로계약서, 임금대장, 임금의 결정·지급 방법과 임금계산의 기초에 관한 서류, 고용·해고·퇴직에 관한 서류, 승급·감급에 관한 서류, 휴가에 관한 서류 등)를 3년간 보존하도록 하고 있다.

이는 근로기준법상 임금채권의 소멸시효가 3년이라는 점에서 임금과 관련한 분쟁이 발생할 때는 관련 서류에 대한 입증책임이 사용자(회사)에 있으므로 이를 법정 보존서류로 정하고 있는 것이며, 만일 이를 위반해 관련 서류를 보존하고 있지 않은 경우 500만 원 이하의 과태료 처분을 받는 것 이외에 관련 분쟁에 있어서 불리한 입장에 처할 수 있으므로 반드시 근로계약과 관련한 중요한 서류를 보존해야 한다. 특히, 근로자명부와 근로계약서, 임금대장, 퇴직 관련 서류 등은 해당 근로자가 회사를 퇴직한 날부터 기산해 3년간 보존해야 하므로, 해당 서류를 반드시 보존해야 하고, 고용노동부 근로감독이 실시되는 경우에도 마찬가지로 3년간 서류까지 점검하게 된다는 점도 유의해야 한다.

- ⟫ 근로계약서
- ⟫ 임금대장
- ⟫ 임금의 결정·지급방법과 임금계산의 기초에 관한 서류
- ⟫ 고용·해고·퇴직에 관한 서류
- ⟫ 승급·감급에 관한 서류
- ⟫ 휴가에 관한 서류
- ⟫ 승인·인가에 관한 서류
- ⟫ 서면 합의 서류
- ⟫ 연소자의 증명에 관한 서류

 사용증명서

근로기준법 제39조에서는 "사용자는 근로자가 퇴직한 후라도 사용기간, 업무 종류, 지위와 임금, 그 밖에 필요한 사항에 관한 증명서를 청구하면 사실대로 적은 증명서를 즉시 내주어야 한다."고 규정하고 있다. 퇴직 이유나 경영진의 판단과 관계없이 근로자가 일했던 경력을 인정받을 수 있다.

제**3**장

4대 보험 실무

4대 보험 가입 제외 대상

 국민연금

국민연금은 1일이 지나서 입사한 경우 해당 월 납부예외 여부를 선택할 수 있다. 즉, 입사 일에 국민연금을 납부할지, 안 할지를 근로자가 선택 가능하다는 것이다. 보통은 '부'로 많이 해서 그달은 공제하지 않는다.

다음의 경우는 적용이 제외된다.

- 만 60세 이상인 사람
- 타 공적연금 가입자
- 노령연금수급권을 취득한 자 중 60세 미만의 특수직종 근로자
- 조기노령연금 수급권을 취득하고 그 지급이 정지되지 아니한 자
- 퇴직연금 등 수급권자
- 국민기초생활보장법에 의한 수급자

⊙ 1개월 미만 근로자(1개월 이상 계속 사용되는 경우는 제외)

⊙ 1개월 이상 근로하면서 월 8일 미만 일용근로자

⊙ 1개월 이상 근로하면서 근로시간이 월 60시간 미만인 단시간 근로자

1일 입사자를 제외한 당월 입사 당월 퇴사자는 가입 대상이 아니다.

🗒️ 건강보험

건강보험도 국민연금과 같이 1일 입사자 외에는 해당 월 보험료는 납부하지 않아도 된다. 이는 1일이 포함된 소속(지역 또는 전 직장)에서 보험료를 납부하는 것이 원칙이다. 다음의 경우는 적용이 제외된다.

⊙ 1개월 미만 일용근로자(1개월 이상 계속 사용되는 경우는 제외)

⊙ 1개월 이상 근로하면서 월 8일 미만인 일용근로자

⊙ 1개월 이상 근로하면서 근로시간이 월 60시간 미만인 단시간 근로자

⊙ 의료급여법에 따라 의료급여를 받는 자

⊙ 독립유공자예우에 관한 법률 및 국가유공자 등 예우 및 지원에 관한 법률에 의하여 의료보호를 받는 자

⊙ 하사(단기복무자에 한함)·병 및 무관후보생

⊙ 선거에 의하여 취임하는 공무원으로서 매월 보수 또는 이에 준하는 급료를 받지 아니하는 자

⊙ 비상근 근로자

⊙ 소재지가 일정하지 아니한 사업장의 근로자 및 사용자

⊙ 근로자가 없거나 비상근 근로자 또는 1월간의 소정근로시간이 60
시간 미만인 단시간 근로자만을 고용하는 사업장의 사업주

매년 전년도 분에 대해서 정산 방법에 따라 보험료를 산정, 정산한다.

고용보험

고용보험은

⊙ 65세 이상인 자(65세 이전부터 계속고용자는 적용. 단, 고용안정
· 직업능력 개발 사업은 적용)

⊙ 1개월 미만자로서 월간 근로시간이 60시간 미만인 근로자. 단,
월 60시간 미만 근로자라도 3개월 이상 근로제공 시에는 적용가
능하다.

⊙ 1개월 미만자로서 주간 근로시간이 15시간 미만인 근로자(단시간
근로자) 다만, 근로를 제공하는 자 중 3개월 이상 계속하여 근로
를 제공하는 자는 적용 대상이다.

⊙ 공무원(별정직, 계약직 공무원은 2008년 9월 22일부터 임의가입
가능). 다만, 임용된 날부터 3개월 이내에 고용센터로 신청(3개
월 이내 신청하지 않을 시 가입 불가)

⊙ 사립학교교직원연금법 적용자

⊙ 별정우체국 직원

⊙ 외국인 근로자. 다만, 아래의 경우는 당연적용
거주(F-2), 영주(F-5) 자격의 경우는 당연적용하며, 주재(D-7) ·
기업투자 (D-8) 및 무역경영(D-9)의 경우는 상호주의에 따라 적용

고용보험료는 정산 방법이 연간 총급여액에 요율만큼을 부과하는 것이므로 차후에 정산할 필요가 없도록 보통 매월 급여에서 요율만큼을 공제한다.

그리고 퇴직자에 대해서는 퇴직 정산을 한다.

산재보험

전액 사업자가 보험료를 부담하는 보험으로써 근로자 가입신고는 별도로 필요하지 않다. 1일을 근무하더라도 적용대상이 된다.

02

일용근로자, 단시간 근로자
(파트타임, 아르바이트생)의 4대 보험

 일용근로자

고용기간의 보장 없이 1일 단위로 고용되어 그날로 고용계약이 종료되는 자(다음 날의 고용이 확정되지 아니한 상태로 근무하는 근로자)

고용·산재보험에서의 '일용근로자' 란

1개월 미만 고용되어 일급 형식으로 보수를 지급받는 자를 말하며 근로계약기간이 1일 단위, 또는 1월 미만의 경우 해당한다.

(예) 식당에서 일당을 지급받으며, 10일간 주방 보조업무를 하는 근로자)

일용근로자는 근로시간과 관계없이 고용·산재보험 적용 대상이며, 매월 15일까지 근로복지공단으로 '근로내용확인신고서'를 제출해야 한다.

단시간근로자

1주 동안의 소정근로시간이 그 사업장에서 같은 종류의 업무에 종사하는 통상 근로자의 1주 동안의 소정근로시간(주 40시간)에 비하여 짧은 근로자. 즉, 주 소정근로시간 40시간 미만이고 고용계약기간이 1개월 이상인 근로자

(예) 편의점에서 1일 2시간씩 단시간으로 1개월 이상 아르바이트하는 학생)

국민연금

구 분	가입 제외대상
일용직 근로자	① 건설업 : 1개월 이상 8일 미만 근로 ② 건설업 외 업종 : 1개월 이상 8일 미만 또는 1개월 이상 근로시간이 60시간 미만인 사람
단시간 근로자	1개월 소정근로시간 60시간 미만

1개월 미만의 기한부 근로자는 국민연금 가입대상이 아니다.
단 3개월 이상 근로를 제공한 사람은 근로자의 동의가 있을 경우 가입대상이다. 즉 근로자의 동의가 요건이다.
1개월 소정근로시간 60시간 미만 근로자는 근로자의 동의가 없으면 몇 달을 연속으로 일해도 가입대상이 아니다.

국민연금공단에서 세무서에 신고한 일용직 지급명세서를 보고 국민연금 소급적용해 가입시키려고 할 때 1개월 소정근로시간 60시간 미만 근로자에 해당하면 근로자의 동의 없이는 가입할 수 없으므로 이 논리를 펼 수가 있다.

그리고 이론상 건설업 현장 일용직에 60시간 미만 단시간근로자가 있다면 국민연금 가입대상에서 제외되지만, 현실적으로 건설업 현장 일용직의 경우 60시간 미만 단시간근로자로 보지 않는다. 이는 근로계약서 작성 문제도 있고 근로계약서상에 날짜를 특정하기도 건설 공정상 쉽지 않기 때문이다.

건강보험

1개월 이상 근무하면서 8일 이상 일하는 일용근로자는 건강보험 가입대상이다.

따라서 1개월 미만 근로나 1개월 이상 근로해도 8일 미만 근로시에는 가입대상이 아니다.

그리고 1개월 소정근로시간 60시간 미만 단시간 근로자도 건강보험 가입 제외 대상이다. 또한 건강보험은 3개월 이상 근로시 가입조건이 없다. 즉 월간 60시간 미만 단시간 근로자가 되면 3개월 이상 일하더라도 건강보험 가입대상이 아니다.

구 분	가입 제외 대상
1개월 미만 고용된 근로	• 고용 및 산재보험의 가입 대상 • 국민연금과 건강보험 가입 제외 대상 • 최초 근로일을 기준으로 1개월 미만의 기간만 근로하는 경우 그동안의 근로일수나 근로시간에 상관없이 국민연금과 건강보험이 적용되지 않는다.
	• 사회보험법상의 일용근로자가 아니고 상용근로자이다.

구 분	가입 제외 대상
1개월 이상 고용된 근로	• 근로계약서상 1개월 이상의 근로기간이 명시돼 있는 경우는 원칙은 고용 및 산재보험 및 국민연금과 건강보험 가입 대상이다. • 국민연금 1. 1개월 미만 계약이라도 1개월 이상 계속근로 내역이 있는 경우 가입대상이다. 2. 1개월 미만은 원칙은 가입 대상이 아니나, 1개월간 근로일수가 8일 이상이거나 근로시간이 60시간 이상이면 최초 근로일부터 사업장 가입자로 취득된다. 3. 최초 1개월의 기간에 8일 이상과 60시간 이상의 기준을 모두 충족하지 않았다면, 입사한 달의 다음 달(2달에 걸쳐 근무) 초일부터 말일까지의 기간 동안 근로일수가 8일 이상이거나 근로시간이 60시간 이상인지 판단해, 두 경우 중 하나를 충족할 때는 해당 월의 1일부터 사업장 가입자로 가입된다. • 건강보험 1. 근로시간과 상관없이 고용기간이 1개월 이상인 경우 가입대상이다. 2. 1개월 미만은 원칙은 가입대상이 아니나, 1개월간 월 8일 이상 근로를 제공하는 경우 직장가입자로 적용된다. 3. 사업장에서 일한 지 1개월이 되는 날까지 근로일이 8일 이상이면 최초 근로일부터 적용되고, 전월에 8일 미만 당월에 8일 이상 근로한 경우는 해당 월의 1일부터 적용된다.

1개월 미만인지 이상인지의 판단 방법

1. 근로계약서상 1개월 이상의 근로기간이 명시돼 있는 경우에는 실제 계속근로기간과 상관없이 최초 근로일을 기준으로 국민연금과 건강보험에 가입해야 한다.

2. 만약 근로계약서상 근로기간이 1개월 미만이거나 근로계약서가 없는 경우라면 1개월간 근로일수(8일) 또는 근로시간(60시간)을 기준으로 판단된다.

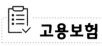 **고용보험**

구 분	가입 제외대상
일용직 근로자	하루 일해도 고용보험 대상이 된다.
단시간 근로자	1개월 소정근로시간이 60시간 미만인 경우 가입 제외 대상이다. 단, 3개월 이상 일하는 경우 고용보험 가입 대상이다. 즉, 60시간 미만 근로자가 3개월 이상만 일하면 무조건 고용보험 대상이다. 반대로 3개월 미만 일하면 고용보험 가입 대상이 아니다.

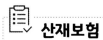 **산재보험**

구 분	가입 제외대상
일용직 근로자	하루 일해도 산재보험 가입대상임
단시간 근로자	무조건 가입대상(하루 1시간 일해도 가입대상임)

근로내용확인신고서 작성과 제출

일용직의 고용보험과 산재보험을 신고하는 서식으로, 고용보험·산재보험 근로내용확인신고서라고 부른다. 줄여서 근로내용확인신고서, 근로내역으로도 불리기도 한다.

여기서 일용근로자란 근로계약기간이 1일 단위로 이루어지는 근로자를 말하며, 세법상 일용근로자랑 그 범위가 다르다.

근로내용확인신고서 신고기간

일용소득에 대해 급여를 지급한 달의 다음 달 15일까지 제출해야 한다. 또한, 월별로 각각 신고해야 한다. 즉, 여러 달을 한 장에 신고할 수 없다.

예를 들어 2022년 1월 근무 시 근로내용확인신고서는 2월 15일에 신고하면 된다.

건설업과 벌목업의 사업장은 자진신고 사업장이므로 고용보험만 체크하고 이외의 업종은 고용, 산재보험에 체크하여 신고해야 한다.

 ## 근로내용확인신고서 제출방법

일용직 신고 시 2가지 항목을 신고해야 하는데, 일용직 근로내용확인신고서를 제출하는 경우 일용근로소득 지급명세서의 제출을 생략할 수 있다. 단, 일용직 근로내용확인신고 예외 대상으로 일용직 근로내용확인신고서를 제출하지 않은 경우 일용근로소득 지급명세서를 제출해야 한다.

① 일용근로소득 지급명세서

② 일용직 근로내용확인신고서

일용근로자 수가 10명 이상일 경우 무조건 전자신고를 해야 한다.

일용근로내용 확인 신고 예외 대상은 만 65세 이상 이후 고용된 근로자, 월 60시간 미만 단시간 근로자, 외국인 일용직 근로자이다.

 ## 외국인 일용근로자 근로내용확인신고서

당연적용 대상인 외국인 근로자 중 일용근로자는 국내 근로자와 같이 근로내용확인신고서에 따라 신고가 가능하다.

고용보험 임의가입 대상인 외국인 일용근로자는 근로내용확인신고서 제출기한까지 외국인 고용 가입신청서를 근로내용확인신고서와 함께 제출해야 한다.

이 경우 그 가입의 사유가 발행한 날에 피보험자격을 취득한 것으로 본다.

[　]고용보험　[　]산재보험 근로내용 확인신고서 (　년　월분)
[　]고용보험 단기예술인 노무제공내용 확인신고서 (　년　월분)

※ 제2쪽의 유의사항 및 작성방법을 읽고 작성하시기 바라며, [　]에는 해당되는 곳에 "√" 표시를 합니다. (제1쪽)

접수번호	접수일		처리기간: 7일

공통 사업장	사업장관리번호		명칭	
	사업자등록번호 (국세청 일용근로소득지급명세서를 갈음하여 제출하는 경우에만 적으며, 단기예술인의 경우는 적지 않습니다)		하수급인관리번호 (건설공사의 미승인 하수급인에 한함)	
			공사명(유기사업명)	
	소재지		보험사무대행기관 번호	보험사무대행기관 명칭
	전화번호 (유선)	(휴대전화)	FAX번호	
	고용관리 책임자	(성명)	(주민등록번호)	(직위)
	(※건설업만 해당)	(직무내용)	(근무지) [　]본사 [　]해당 사업장현장 [　]다른 사업장현장	

성명				
주민(외국인)등록번호	－	－	－	－
국적	체류자격			
전화번호(휴대전화)				
직종 부호				

근로일수 또는 노무제공일수 ("o"표시)	1 2 3 4 5	1 2 3 4 5	1 2 3 4 5	1 2 3 4 5
	6 7 8 9 10	6 7 8 9 10	6 7 8 9 10	6 7 8 9 10
	11 12 13 14 15	11 12 13 14 15	11 12 13 14 15	11 12 13 14 15
	16 17 18 19 20	16 17 18 19 20	16 17 18 19 20	16 17 18 19 20
	21 22 23 24 25	21 22 23 24 25	21 22 23 24 25	21 22 23 24 25
	26 27 28 29 30	26 27 28 29 30	26 27 28 29 30	26 27 28 29 30
	31	31	31	31

근로일수 또는 노무제공일수	임금평균 근로시간	일 시간	일 시간	일 시간	일 시간
보수지급기초일수		일	일	일	일
보수총액		원	원	원	원
임금총액		원	원	원	원
이직사유 코드					

보험료부과구분(해당자만)

부호	사유

국세청 일용 근로 소득 신고	지급월	월	월	월	월
	총지급액 (과세소득)	원	원	원	원
	비과세소득	원	원	원	원
원천 징수 액	소득세	원	원	원	원
	지방 소득세	원	원	원	원
일자리안정자금 지원 신청		[　]예 [　]아니오	[　]예 [　]아니오	[　]예 [　]아니오	[　]예 [　]아니오

「고용보험법 시행령」 제7조제1항 후단·제104조의6제2항, 같은 법 시행규칙 제5조제2항·제125조의3제2항 및 「고용보험 및 산업재해보상보험의 보험료징수 등에 관한 법률 시행규칙」 제16조의6 후단에 따라 위와 같이 확인하여 신고합니다.

년　　월　　일

신고인(사용자·대표자)　　　　　　　　　　　　(서명 또는 인)

[　] 보험사무대행기관　　　　　　　　　　　(서명 또는 인)

근로복지공단○○지역본부(지사)장 귀하

210mm×297mm[백상지(80g/㎡) 또는 중질지(80g/㎡)]

근로내용확인신고서 작성 방법

① 사업자 등록번호(국세청에 일용근로자 지급명세서 제출을 갈음하고자 할 때 필히 기재)

사업자 등록번호를 기재해서 제출해야만 지급명세서 대체가 된다. 사업자 등록번호를 기재 안 하고 제출하면 근로내용 확인 신고서만 제출하고, 지급명세서는 제출 안 한 게 되는 것이다. 만약 기재를 안 했다면, 일용근로소득지급명세서를 꼭 제출해야 한다.

② 주민등록번호 : 근로자의 주민등록번호를 기재한다.

③ (근무지) [ ] 본사, [ ] 해당 사업장(현장), [ ]다른 사업장(현장)

건설업은 근로내용 확인 신고서를 현장별로 제출해야 한다. 건설업이 아니라면 지나친다.

④ 체류자격

외국인은 체류자격별로 고용보험 가입 대상인지 아닌지가 적용되기 때문에 중요하다.

가. 강제 : 의무 가입 대상(체류자격) 거주(F-2), 영주(F-5), 결혼이민(F-6)

4대 보험 취득 신고서로 고용보험 가입 가능하다.

나. 임의가입 : 근로자가 신청을 원하는 경우 가입이 가능(체류자격) 단기 취업(C-4), 교수(E-1), 회화지도(E-2), 연구(E-3), 기술 지도(E-4), 전문 직업(E-5), 예술흥행(E-6), 특정활동(E-7), 비전문취업(E-9), 선원취업(E-10), 재외 동포(F-4), 방문취업(H-2)

외국인 고용보험 가입 신청서를 접수해서 가입 가능

다. 상호주의 : 국가 간 상호주의 원칙에 따라 법 적용(체류자격) 주

재(D-7), 기업 투자(D-8), 무역경영(D-9)

라. 적용 제외 : 가~다를 제외한 경우

⑤ 직종 부호

직종 부호에 따라 산재보험료율이 달라진다. 신고서 3페이지에 직종별로 자세히 나와 있다.

⑥ 보수지급 기초일수

특이사항이 없다면, 근로를 제공한 일수를 말한다. 즉, 주5일에 유급휴일 1일(주휴일)을 추가해야 한다(유급 근로일수).

피보험기간 중 "보수지급의 기초가 된 일수"를 말하며, 이 경우 "보수지급의 기초가 된 일수"에는 현실적으로 근로하지 아니한 날이 포함될 수 있다(유급휴일, 주휴일 포함된 경우).

⑦ 일평균 근로시간 : 근로자의 하루 평균 근로시간을 적는다(하루만 일한 경우 하루에 일한 근로시간).

⑧ 보수총액

근로소득에서 비과세 근로소득을 뺀 금액으로써, 해당 월에 발생된 금액을 적는다.

⑨ 임금총액

근로기준법에 따른 임금으로서, 해당 월에 발생된 금액을 적는다(과세 + 비과세).

⑩ 이직 사유 코드

피보험자 이직확인서에서 등장하는 그 '이직 사유'이다.

회사의 사정에 의한 이직 (폐업, 공사 중단, 공사 종료, 계약기간 만료 등)

부득이한 개인 사정에 의한 이직 (질병, 부상, 출산 등)

기타 개인 사정에 의한 이직(전직, 자영업을 위한 이직 등)

〈상실(이직) 사유 구분 코드〉

• 자진퇴사 : 11. 개인 사정으로 인한 자진 퇴사, 12. 사업장 이전, 근로조건 변동, 임금체불 등으로 자진 퇴사

• 회사 사정과 근로자 귀책 사유에 의한 이직 : 22. 폐업·도산, 23. 경영상 필요 및 회사 불황으로 인한 인원 감축 등에 따른 퇴사(해고·권고사직·명예퇴직 포함), 26. 근로자의 귀책 사유에 의한 징계해고·권고사직

• 정년 등 기간만료에 의한 이직 : 31. 정년, 32. 계약기간 만료, 공사 종료

• 기타: 41. 고용보험 비적용, 42. 이중고용

⑪ 보험료 부과 구분

대상에 따라 산재보험과 고용보험 부과·가입 범위가 달라지니, 대상 근로자만 기입한다.

⑫ 일용근로소득신고 관련

가. 제1쪽의 "사업자등록번호란"에는 소득세법에 따른 원천징수의무자의 "사업자등록번호"를 적는다.

나. 사업주가 "사업자등록번호란" 및 "국세청 일용근로 소득신고란"을 포함하여 근로내용 확인신고서를 작성·제출한 경우 일용근로소득 지급명세서를 별도로 국세청에 제출할 필요가 없다. 이 경우 "사업자등록번호란" 및 "국세청 일용근로 소득신고란"을 미기재하거나 잘못 기재한 경우 국세청에 일용근로소득 지급명세서를 미제출·부실제출한 것으로 보아 가산세가 부과될 수 있다.

다. 일용근로소득 신고 대상자에 대하여 근로내용 확인신고서에 국세청 일용근로 소득신고란을 작성하지 않은 경우는 해당 일용근로자

에 대한 일용근로소득 지급명세서를 별도로 국세청에 제출해야 한다.

⑬ 일자리안정자금 지원 신청 관련

일자리안정자금은 고용노동부 장관이 정하는 기준에 해당하는 경우만, 신청이 가능하며, 해당 근로자에게 최저임금법에 따른 최저임금이 지급되고 있는지 확인하기 위하여 필요한 경우에는 해당 근로자의 소정근로시간 등을 확인할 수 있다.

근로내용확인신고서 오류수정

일용직의 근로일수, 보수총액, 임금 총액, 사업장 관리번호, 일 평균 근로시간, 체류자격, 이직 사유 코드 등 근로내용확인신고서를 잘못 제출할 수 있다. 잘못 제출된 신고서를 바탕으로 피보험자 이직확인서가 제출될 수도 있다.

이럴 때 근로내용확인신고서를 정정 또는 취소하는 서식이 바로 '일용근로내용 정정·취소 신청서'이다.

04

입사일과 퇴사일에 따른
4대 보험 업무처리

구 분	입사자		퇴사자 퇴사일(최종 근무 일 다음 날)	
	연금 · 건강	고용	연금 · 건강	고용
1일	해당 월 4대 보험료 모두 부과		그달의 보험료 미부과 국민연금 : 퇴직 정산제도 없음 건강보험 : 퇴직 정산제도(퇴사한달 보험료 없음)로 환급이나 환수	퇴직정산으로 보험료 환급 또는 환수
2일~ 말일	다음 달부터 부과(국민연금은 희망시 입사 월 부과)	해당 월부터 부과	한 달분 보험료 부과 국민연금 : 퇴직 정산제도 없음 건강보험 : 퇴사 한 달 보험료 + 정산 보험료 부과로 인한 환급이나 환수 결국, 퇴직하는 달의 보험료까지 포함	

매월 15일까지 신고가 되면 그달에 정산금액이 고지되고 매월 15일 이후 신고를 하면 그다음 달에 정산금액으로 고지된다.

Tip 근로자별 4대 보험 적용여부 판단

구 분	연금	건강	고용	산재	비　　고
실습생	X	X	X	O	현장 실습생으로서, 원칙적으로 근로자로 보지 않으나, 예외적으로 산재 적용
정부지원 인턴	O	O	O	O	고용노동부 지원 취업 인턴제로서 사업주가 직접 임금을 지급하는 경우
연수생	X	X	X	X	고용노동부 실시 연수지원제에 의한 연수생
친족(동거의 친족)	O	O	X	X	일반근로자와 동일하게 상시 근로를 제공하고 임금을 받는 자임이 명확하게 확인된 경우는 예외적으로 고용 · 산재 인정
대표이사	O	O	X	X	무보수대표이사의 경우에는 적용 제외 가능
등기임원	O	O	X	X	등기임원이라 하더라도 상시 근로를 제공하고 임금을 지급받는 자임이 명확하게 확인된 경우는 고용 · 산재 적용
비등기임원	O	O	O	O	비등기임원이라 하더라도 근로자에 해당하지 않는 경우는 고용 · 산재 적용제외

05

출산휴가기간 4대 보험

 국민연금

별도의 신고 없는 경우 납부해야 한다.

⊙ 납부예외 신청 시 납부하지 않을 수 있으며 복직 후 추가납부도
안 한다.

⊙ 휴가 기간 회사로부터의 추가 임금 지급 시 납부예외가 성립되지
않으므로 기존대로 납부한다.

 건강보험

유급 여부와 관계없이 무조건 납부해야 한다.

⊙ 소득이 없는 달은 납부 유예 신청이 가능하다. 소득이 있는 달에
납부하는 방식이다.

고용보험

⊙ 원칙적으로 고용보험료은 납부의무가 없다. 단, 회사가 근로자에게 임금을 지급하는 유급기간은 근로자의 고용보험료 납부의무가 발생한다. 이때 월별보험료는 부과되지 않고, 보수총액신고 시 이를 고용보험 보수총액에 포함하여 신고하며, 정산보험료로 부과된다.

⊙ 출산전후휴가 90일 중 회사 측에서 임금을 지급받는 최초의 60일분(1일~60일)에 대해 고용보험료를 납부(평소와 마찬가지로 월급에서 고용보험료를 원천 공제하고 임금을 지급받게 됨)한다.

⊙ 나중 30일(61일~90일)에 대해서는 고용보험료 납부하지 않는다.

 산재보험

산재보험은 사업주 납부 의무사항이므로 근로자는 납부의무가 없다. 고용보험료와 달리 휴직 기간에 발생한 보수에 대해 산재보험료(월별·정산 보험료 모두)는 부과되지 않으므로 휴직기간 동안의 보수도 보수총액신고 시 산입하지 않는다.

사업주는 근로자가 휴업·휴직으로 근로를 제공하지 않게 된 경우 사유 발생일로부터 14일 이내 「근로자 휴직 등 신고서」를 근로복지공단에 제출해야 한다.

구 분	업무처리
국민연금 [계속납부]	• 별도 신고 절차 없이 휴가 직전 납입하던 연금보험료 그대로 납입 • 사업주가 국민연금 납입 예외 신고를 한다. 이 경우 출산전후휴가 기간 동안 연금보험료를 납부하지 않게 된다. → 납부예외 기간만큼 연금 수급기간이 단축된다. → 납부예외 신고를 하지 않을 경우는 국민연금보험료 정기통지 전 소득총액신고서를 제출해야 한다.
건강보험 [계속납부]	• 별도 신고 절차 없이 휴가 직전 납입하던 월별보험료 그대로 납입 • 보수에 비해 과납된 건강보험료는 연말(퇴직)정산 시 환급처리 됨
고용보험 산재보험 [휴직신청]	• 회사는 출산전후휴가 후 14일 이내에 근로복지공단에 노동자 휴직 등을 신고해야 한다. 신고 후에는 고용 및 산재보험 월별보험료를 부과하지 않는다. • 보험료 정산 시 고용보험의 경우 출산전후휴가기간에 회사에서 지급한 보수에 대해 보험료가 부과되고 산재보험은 부과되지 않는다. • 출산전후휴가 기간 동안 월별보험료가 부과되지 않더라도 회사에서는 출산전후휴가 기간 동안 노동자에게 지급하는 보수에서 0.9%를 공제했다가 보험료 정산 시 납입한다. • 보수총액 신고 시 출산전후휴가 기간 동안 지급한 보수는 고용보험 보수총액 신고에는 산입하고, 산재보험 보수총액에는 산입하지 않는다.

06

육아휴직 기간 4대 보험

국민연금

별도의 신고 없는 경우 납부한다.

⊙ 납부예외신청 시 납부하지 않을 수 있으며, 복직 후 추가납부는 안 한다.

⊙ 휴직 기간 중 회사로부터의 추가 임금 지급 시 납부예외가 성립 되지 않으며, 기존대로 납부한다.

⊙ 직장에 다니다가 육아휴직으로 납부예외를 희망하는 경우는 개인 이 신청하는 것은 아니고, 회사(사용자)에서만 연금보험료 납부 예외신청을 할 수 있다. 연금보험료 납부예외신청서를 작성해서 가까운 지사에 제출하거나, EDI 등을 활용할 수 있다.

건강보험

재직기간으로 유급 여부와 관계없이 무조건 납부해야 하나, 육아휴직기간에는 60% 감면된다.

소득이 없는 달은 납부유예신청이 가능하고, 소득이 있는 달에 납부하는 방식이다.

고용보험

보수 발생 여부에 따라 다르다.

⊙ 육아휴직기간 중 보수가 발생하지 않는 경우 고용보험료 납부는 제외된다.

⊙ 육아휴직기간 중 보수가 발생한 경우는 월별보험료는 부과되지 않고, 다음 연도 3월 15일 보수총액신고시 이를 고용보험 보수총액에 포함하여 신고하며, 정산보험료로 부과된다.

사업주는 근로자가 휴업 또는 휴직하는 경우 사유 발생일부터 14일 이내 「근로자 휴직 등 신고서」를 근로복지공단에 제출해야 하고, 기존의 육아휴직기간보다 조기 복직 및 기간 연장 할 경우는 사유발생일로부터 14일 이내에 「고용보험 피보험자 내용변경 신고서」를 근로복지공단에 제출한다.

산재보험

산재보험은 사업주 납부 의무사항이므로 근로자는 납부의무가 없다.

⊙ 고용보험료와 달리 휴직 기간에 발생한 보수에 대해 산재보험료 (월별·정산 보험료 모두)는 부과되지 않으므로 휴직기간 동안의 보수도 보수총액신고 시 산입하지 않는다.

구 분	업무처리
국민연금	노사합의 하에 2가지 방법 중 선택 • 별도 신고 절차 없이 휴가 직전 납입하던 연금보험료 그대로 납입 • 사업주가 국민연금 납입예외신고를 한다. 이 경우 육아휴직 기간 동안 연금보험료를 납부하지 않게 된다. → 납부예외 기간만큼 연금 수급기간이 단축된다. → 납부예외 신고를 하지 않을 경우는 국민연금보험료 정기 통지 전 소득총액신고서를 제출해야 한다.
건강보험	• 사업주가 건강보험공단에 휴직자 등 직장가입자 보험료 납입고지 유예를 신청한다. 이 경우 육아휴직 기간 내내 월별보험료가 부과되지 않고 고지 유예 해지 시 일괄부과된다. • 육아휴직 기간에 보험료 납입고지 유예를 신청하면 그 기간 보험료는 직장가입자 보수월액보험료 하한액으로 산정된다. • 육아휴직 종료 시 일괄 부과된 보험료를 분할하여 납부할 수도 있다.
고용보험 산재보험	• 회사는 육아휴직 후 14일 이내에 근로복지공단에 노동자 휴직 등 신고를 해야 한다. • 육아휴직 기간에는 회사가 급여를 지급하지 않으므로 고용 및 산재보험 월별보험료를 부과하지 않는다.

Tip 휴직 월과 복직 월의 4대 보험 신고와 보험료 부과

구 분	국민연금보험 (납부예외 신고)	국민건강보험 (납부유예 신고)	고용보험 (근로자 휴직 등 신고)	산재보험 (근로자 휴직 등 신고)
출산휴가	O	X	O	O
장기휴가	O	X	O	O
육아휴직	O	O	O	O
일반휴직	O	O	O	O
산재요양기간	O	O	O	O
휴직 월 보험료 부과 여부	X	O 휴직일이 매월 1일인 경우는 부과 안 함	해당 월의 근무일수에 따라 일할계산한 월별보험료 부과	
복직 월 보험료 부과 여부	X 복직일이 초일이거나 납부를 희망하는 경우는 납부	X 복직일이 매월 1일인 경우는 부과		

07

4대 보험 취득 신고시 계약직에 '아니오'로 체크하지 않은 경우

고용보험 가입 시 계약직 여부에 대해 정확히 체크를 하면 좋겠지만 그렇지 않은 경우 발생할 수 있는 문제점은 다음과 같다.

첫째, 기간에 정함이 없는 근로자(정규직)라면 정부지원금을 받을 수 있는 경우가 있다.

계약직 직원을 정규직으로 채용하게 되면 공단에서 지원금 혜택이 주어질 수 있는데, 계약직이 아닌 것으로 신고했으니 지급이 어려워 질 수 있다.

둘째, 계약직 근무자라면 실업급여 수급시 계약만료로 수급 가능성이 생긴다

계약직의 경우 계약기간 만료(회사에서 재계약을 희망하는 의지를 보였는데 직원이 재계약을 거부한 경우 예외) 사유로 인해 실업급여를 받을 수 있는데, 계약직 여부에 '아니오'로 신고된 경우 계약기간 만료로 상실신고시 소명자료를 요구받을 수 있다.

계약직 여부를 체크하는지에 대하여 가장 중요한 이슈는 실업급여이다. 만약, 계약직으로 입사한 근로자에 대하여 계약직 여부를 체크하지 않은 상황에서 취득신고를 하고 계약기간이 만료되어 실업급여를 신청하는 과정에서 이직확인서에 계약기간 만료라고 체크하고 신고를 하면, 취득신고 때 계약직에 체크가 되어 있지 않았으므로 계약직으로 볼 수 없어 실업급여를 받을 수 없게 될 수 있다. 다만 계약직에 체크를 하지 않은 상태에서 계약기간 만료로 상실신고를 하는 경우 근로계약서 등 소명자료 제출을 요구할 수 있는데, 이때 해당 부분을 소명하면 된다.

참고로 계약직 근로자였다고 하더라도 정부지원금 때문에 정규직 전환이 되는 경우 정정 신고를 통해 정규직으로 변경할 수 있다.

 ## 계약기간 만료시 실업급여를 해결하기 위해서는

1. 4대 보험 상실신고서를 제출하기 전에 4대 보험 취득신고서의 계약직 여부([V]아니오 → [V]예)를 변경해야 한다.

근로복지공단에 제출해야 하는 서식은 '피보험자·고용정보 내역 정정 신청서'이며, 근로계약서를 같이 첨부해야 한다.

2. 계약직 여부가 잘 변경되었는지 근로복지공단 지사 담당자에게 확인한다.

3. 4대 보험 상실신고서의 퇴사 사유를 계약기간 만료로 기재해서 제출한다.

4. 이직확인서를 근로복지공단에 제출한다.

세무대리인이 업무를 대행해주는 경우 해당 직원의 근로계약서를 받아서 계약직 여부를 표기하는 것이 원칙이지만, 여건상 어려운 경우 회사 대표이사나 인사담당자에게 계약직 여부를 확인한 후 표기하여 신고해야 한다. 업무처리를 하는 실무자 입장에서는 가급적 이메일, 문자 등으로 받아서 서면으로 보관하는 게 좋다.

만약 계약직 직원이 입사했는데, 4대 보험 업무를 보는 실무자가 회사 인사담당자에게 묻지 않고 기계적으로 계약직 여부를 '아니오'로 했을 경우 앞서 설명한 문제가 발생한다.

 ## 계약직 직원이 정규직으로 전환시 업무처리

1. 근로계약서를 다시 작성한다.

2. 계약직으로 근무하던 중에 이어서 정규직으로 전환되어 일을 지속하게 될 경우 : 별도로 신고할 사항은 없다.

3. 계약직으로 근무하다가 1개월 이상 일을 중지한 후 정규직으로 전환되어 일하게 되는 경우 : 상실 신고 후 다시 취득 신고를 한다.

08

급여에서 공제하는
4대 보험료 계산 방법

 국민연금

국민연금은 기준소득월액의 4.5%가 근로자부담이 된다.

전년도 소득을 기준으로 산정이 되기 때문에 현재 받는 급여 기준이 아니라는 점에 유의해야 한다. 단, 신규입사의 경우에는 입사한 해에 신고한 기준소득월액을 기준으로 부과가 된다.

전년도 기본급 외에 상여나 추가수당이 있는 경우 해당 소득들이 반영되어 매년 7월에 전년도 총소득을 기반으로 한 기준소득월액이 재산정이 되어, 당해 7월부터 다음 해 6월까지 재산정된 기준소득월액으로 국민연금이 부과된다.

기준소득월액에는 최저 35만 원에서 최고 553만 원을 범위로 정하고 있다. 따라서 신고한 소득금액이 35만 원보다 적은 경우는 35만 원으로, 신고한 소득금액이 553만 원보다 높은 경우에는 553만 원으로 보험료가 부과된다.

- 월 국민연금(10원 미만 단수 버림) =
  기준소득월액 [월급여(총급여 − 비과세소득)] × 국민연금료율
- 기준소득월액 = 연간 총보수액(총급여 − 비과세소득) ÷ 근무월수
- 보험료율 : 9%(사용자 4.5%, 종업원 4.5%)(10원 미만 단수 버림)

기준소득월액 범위	국민연금료율	월 국민연금 산정
35만원 미만	4.5%	= 35만원 × 4.5%
35만원 ~ 553만원	4.5%	= 기준소득월액 × 4.5%
553만원 초과	4.5%	= 553만원 × 4.5%

사례 기준소득월액은 최저 35만 원에서 최고금액은 553만 원까지의 범위로 결정하게 된다. 따라서 신고한 소득월액이 35만 원보다 적으면 35만 원을 기준소득월액으로 하고, 553만 원보다 많으면 553만 원을 기준소득월액으로 한다.

건강보험

건강보험료의 경우 기준소득월액의 3.495%가 부과되고, 장기요양보험료의 경우 건강보험료의 12.27%가 근로자부담이 된다.

건강보험료의 경우 당해 연도의 보수를 기준으로 보험료를 부과하는 것이 원칙이나, 당해 연도의 소득이 확정되지 않았으므로 전년도 소득을 기준으로 보험료를 우선 부과된다.

당해 연도가 종료되어 당해 연도 소득이 확정된 후에 매년 4월에 정산이 되는 구조이다.

2월 연말정산 때 한해 총소득(1월 1일~12월 31일분)이 확정되면, 확정된 소득을 기준으로 보험료를 다시 산정하여 이미 부과된 보험료와의 차액을 4월에 추가납부 및 반환하게 된다.

- 보수월액(월평균보수 = 월급여) = 연간 총보수액(총급여 − 비과세소득) ÷ 근무월수
- 보험료율 : 6.99%(사용자 3.495%, 종업원 3.495%)
- 건강보험료 근로자 부담액 = 건강보험료(❶) + 노인장기요양보험료(❷)

❶ 건강보험료 = (총급여 − 비과세급여) × 3.495%(10원 미만 단수 버림)

[2022년 기준]

상한액	하한액
3,653,550원(근로자 부담분)	9,750원(근로자 부담분)

❷ 노인장기요양보험료 = 건강보험료 × 12.27%(10원미만 단수 버림)

사례 보수월액이 1,000,000원일 때, 계산방법

건강보험료 : 1,000,000원(보수월액) × 6.99%(건강보험료율) = 가입자 부담금 34,950원, 사업주 부담금 34,950원

장기요양보험료 : 69,900원(건강보험료) × 12.27%(장기요양보험료율) = 가입자 부담금 4,280원, 사업자 부담금 4,280원

⚖ 섬 · 벽지(개성공업지구 포함)에 근무하거나 거주하는 가입자는 보험료의 50% 경감

⚖ 국외(개성공업지구를 제외한 북한지역 포함)에 1월 이상 체류할 경우 보험료 면제

직장가입자가 2 이상 적용사업장에서 보수를 받는 경우는 각 사업장에서 받는 보수를 기준으로 각각 보수월액을 결정한다.

보수월액에 따라 산정한 직장가입자의 보험료액을 직장가입자 및 사업주 등이 각각 1/2씩 부담하는 경우 그 금액에 10원 미만의 단수가 있으므로 이를 절사한다.

고용보험

고용보험료의 경우 기준소득월액의 0.9%(2022년 6월분까지 0.8%)

가 근로자부담이 된다.

고용보험료 역시 당해 연도의 보수를 기준으로 보험료를 부과하는 것이 원칙이지만, 당해 연도의 소득이 확정되지 않았으므로 전년도 소득을 기준으로 보험료를 우선 부과한다.

당해 연도가 종료되어 당해 연도 소득이 확정되면, 매년 4월에 정산이 되어 4월분 보험료에 반영되어 고지된다.

고용보험료 = 월급여(총급여 - 비과세소득) × 보험료율

구분		근로자	사업주
실업급여(2022년 6월까지는 0.8%)		0.9%	0.9%
고용안정, 직업능력개발사업	150인 미만 기업		0.25%
	150인 이상(우선지원대상기업)		0.45%
	150인 이상~1,000인 미만 기업		0.65%
	1,000인 이상 기업, 국가 · 지방자치단체		0.85%

※ 우선지원대상기업

1. 광업, 건설업, 운수업, 출판, 영상, 방송통신 및 정보서비스업, 사업시설관리 및 사업지원 서비스업, 전문, 과학 및 기술서비스업, 보건업 및 사회복지 서비스업 : 300명 이하

2. 제조업 : 500명 이하

3. 도매 및 소매업, 숙박 및 음식점, 금융 및 보험업, 예술, 스포츠 및 여가관련 서비스업 : 200명 이하

4. 제1호 내지 제4호 외의 산업 : 100명 이하

※ 업종분류 및 분류기호는 「통계법」 제22조에 따라 통계청장이 고시한 한국표준산업분류에 따름

📑 그 밖의 업종 100명 이하 : 농업, 임업 및 어업(A), 전기, 가스, 증기 및 수도사업 (D), 하수폐기물 처리, 원료재생 및 환경복원업(E), 부동산업 및 임대업(L), 공공행정, 국방 및 사회보장행정(O), 교육 서비스업(P), 협회 및 단체, 수리 및 기타 개인 서비스업(S), 가구 내 고용활동 및 달리 분류되지 않은 자가소비 생산 활동(T), 국제 및 외국기관(U)

📋 4대 보험 자동계산

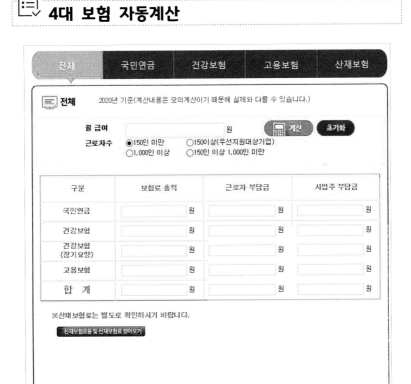

<https://www.4insure.or.kr/ins4/ptl/data/calc/forwardInsuFeeMockCalcRenewal.do>

09

4대 보험료 계산을 위해
차감하는 비과세소득의 범위

소득세법 제12조(비과세소득)에 따라 국민연금·건강보험·고용보험·산재보험에서 보험료를 산정할 때 적용하지 않는 주요 비과세항목은 다음과 같다.

근로소득 비과세소득 항목	한 도	보험료 부과여부		
		국민연금	건강보험	고용 · 산재
식사대	월 10만원	X	X	X
출산 · 보육수당 (6세이하 자녀)	월 10만원	X	X	X
고용보험법에 의한 산전후휴가급여·육아휴직급여	전액	X	X	X
생산직근로자의 야간근로수당 등	연 240만원	X	X	X
국외근로소득(북한 포함)	월 100만원	X	O	X
국외근로소득(건설업)	월 300만원	X	O	X

근로소득 비과세소득 항목	한 도	보험료 부과여부		
		국민연금	건강보험	고용 · 산재
국외근로소득(선원)	월 300만원	O	O	X
자기차량 운전보조금	월 20만원	X	X	X
일숙직비 · 여비	실비한도	X	X	X

국외근로소득 : 소득세법상 월 300만 원까지 비과세되더라도 건강보험에서는 건강보험법 시행령 제33조에 의거하여 전액 보수에 포함. 국민연금은 국민연금법 시행령 제3조 제1항 제2호 개정(시행일 '20.1.1.)에 따라 포함

10

급여가 변동된 경우
보수월액의 변경 신고

 국민연금

국민연금의 경우 중도에 소득월액이 변경된 경우 변경신고대상이 아니다(매년 7월 전년도 소득을 기준으로 정기결정된 기준소득월액 기준으로 부과). 단, 적용 중인 기준소득월액이 실제 소득과 20% 이상 차이가 나서 변경 신청하고자 하는 경우 (특례) 소득월액 변경 신고를 할 수 있으며, 아래의 서류를 국민연금 관할 지사에 제출한다.

구 분	업무처리
제출서류	기준소득월액 변경신청서(해당 근로자 동의 필요), 급여명세서 혹은 급여대장(변경된 소득확인용) 등 소득변동 입증자료
적용기간	신고일이 속하는 달의 다음 달부터 다음 연도 6월분 보험료까지

(특례) 소득월액 변경 신청을 한 경우 사후정산 대상이므로 연 1회 혹은 퇴사(휴직)하여 상실(납부예외)신고할 때 소득이 변경된 기간의 소득을 입증할 서류(근로소득원천징수부 등)를 함께 지사에 제출해야 한다.

(참고사항) 올해 신규 취득하였고, 두루누리 보험료 지원 대상인 근로자가 중도에 소득월액이 변경되어 보험료 지원 기준 보수를 초과하여 받게 되는 경우 보험료지원금이 환수될 수 있으므로 관련 내용은 국민연금 관할 지사 혹은 고객센터로 문의한다.

 ## 건강보험

직장가입자의 건강보험료는 보수월액이 변경되었을 때 상시 변경신고를 할 수 있다. 라는 말이 의미하듯이 해도 되고 안 해도 된다는 것이다. 즉 변경신고를 당장 하지 않고 나중에 퇴직정산이나 연말정산 시 정산을 해도 된다.

구 분	신고기한
해당 보수가 14일 이전에 변경된 경우	해당 월의 15일까지
해당 보수가 15일 이후에 변경된 경우	해당 월의 다음 달 15일까지

2016년 1월 1일부터 상시 100인 이상 사업장은 보수변경 시 매월 15일까지 보수변경 신청(당월 정산, 당월 부과)을 의무화했으나 안 해도 제재가 없다 보니 안 하는 회사가 많다(건강보험법 시행령 제36조 제2항).

고용 · 산재보험

보수가 인상 또는 인하되었를 경우 사업주는 월평균보수 변경신고를 할 수 있으며 월 평균보수변경신고서에 기재한 보수변경 월부터 변경된 월 평균보수에 따라 매월 보험료가 부과된다. 다만, 월평균보수가 변경되었음에도 신고하지 않은 경우, 소득변동으로 인한 보험료 차액분은 다음연도 3월 15일 보수총액신고 또는 퇴직시점에 퇴직정산으로 정산이 가능하다.

11

퇴사자의 4대 보험 퇴직정산

 국민연금

퇴사하게 되면 상실일이 속하는 달의 다음 달 15일까지 자격상실신고를 해야 한다.

자격을 상실한 날의 전날이 속한 달까지 그달의 보험료를 전액 납부한다(하루라도 근무한 달은 그달분 전액 납부). 즉, 국민연금은 기존에 나오던 고지서대로 공제한다. 단, 해당 월의 초일에 입사했고, 당월 납부를 선택한 근로자가 해당 월에 퇴사할 경우는 상실신고 시 납부여부를 선택할 수 있다. 즉, 1일 입사자의 경우 취득 시에 보험료 납부를 선택하면 고지서에 포함되어 나오게 되는데, 보험료가 나왔다 하더라도 상실신고 시에 초일 취득 당월 상실자 납부 여부를 부로 체크하면 다음 달에 환급처리가 되는 것이므로 보험료는 공제하지 않아도 된다는 것이다.

퇴직 시 별도로 정산할 필요도 없으므로 별도 정산금액은 발생하지 않으니 신고만 한다.

건강보험

건강보험은 퇴사일로부터 14일 이내 보험공단으로 자격상실신고를 해야 한다. 자격상실신고 시 상실일자는 마지막 근무한 날의 다음 날이 된다. 즉, 10일까지 근무했다면 상실일은 11일이 된다.

매월 15일까지 신고가 되면 그달에 정산금액이 고지되고, 매월 15일 이후 신고를 하면 그다음 달에 정산금액이 고지된다.

마지막 급여를 지급할 때는 그동안 지급한 급여와 납부한 보험료를 기준으로 퇴직정산을 해야 한다. 만일 퇴직정산을 하지 않고 해당 직원이 퇴사한 경우 나중에 퇴직자에게 연락해서 다시 정산한다. 즉, 건강보험은 연말정산, 퇴직정산 제도가 있어 매달 고지서대로 납부를 했다고 해도 퇴사 시에 해당연도에 대한 보수월액을 재책정해서 정산부과가 되므로 보험료 정산이 필요하다.

퇴사 월에 공제할 건강보험료 = {(해당연도 보수총액 ÷ 근무월수) × 해당연도 건강보험요율 ÷ 2 × 산정월수} − 해당연도 동안 근로자의 월급에서 공제한 건강보험료

퇴사 월에 공제할 장기요양보험료 = [{(해당연도 보수총액 ÷ 근무월수) × 건강보험요율 ÷ 2} − 면제·경감보험료 × 해당연도 장기요양보험요율 × 산정월수] − 해당연도 동안 근로자의 월급에서 공제한 장기요양보험료

위의 방법으로 계산하기 어려운 경우 해당연도 동안 근로자의 월급에서 공제한 보험료를 제외한 해당연도 분의 정산보험료를 쉽게 구하는 방법은 국민건강보험 사이트를 이용하면 된다.

[퇴직(연말)보험료 계산하기]

국민건강보험공단의 아래의 인터넷 주소로 들어가면 퇴직(연말)보험료와 복직보험료를
자동으로 계산해볼 수 있다.

⟨https://www.nhis.or.kr/nhis/minwon/retrieveWkplcHltCtrbCalcuView.do⟩

⊙ 국민건강보험공단을 검색해서 들어간 후 사이트 중앙의 보험료
   계산기 버튼을 클릭한다.
⊙ 직장보험료 모의계산 ➜ 4대 보험료 계산 ➜ 퇴직(연말)보험료
   계산하기를 클릭한다.
⊙ 퇴직(연말)정산 보험료 예상 조회내역을 모두 입력한 후 조회하
   면 된다.
• 상실일 : 퇴사일의 다음 날

- 보수총액 : 해당 기간동안 근로자가 지급받은 급여와 상여 중 비과세급여를 제외한 금액의 총액
- 근무월수 : 보수총액이 포함되는 월수
- 산정월수 : 보험료가 부과되는 월의 수. 입사한 날이 2일 이후라면 해당 월은 보험료가 부과되지 않기 때문에 제외

 ## 고용보험

고용보험은 퇴사자가 발생하면 상실일이 속하는 달의 다음 달 15일까지 자격상실 신고를 해야 한다. 이때 상실사유와 구분 코드를 정확히 해야 한다.

고용보험 피보험 자격상실 신고서 및 산재보험 근로자 고용종료 신고서에 근로자의 상실일, 상실사유 및 지급한 보수총액을 작성하여 근로복지공단으로 신고한 후 고용·산재보험 토탈서비스 http://total.kcomwel.or.kr에서 정산보험료를 확인할 수 있다.

퇴직한 근로자가 보험료 퇴직정산 대상일 경우 '자격상실신고서'에 기재한 "해당연도 보수총액"으로 보험료를 정산하므로 "해당연도 보수총액"을 반드시 신고해야 한다.

2020년도(귀속) 보수총액은 시행일 이후 고용관계가 종료된 근로자는 퇴직정산으로 퇴직시점에 보험료를 정산하고, 퇴직정산으로 보험료를 정산하지 않은 근로자(재직근로자, 일용근로자 등)는 보수총액 신고서로 정산한다.

[입사자와 퇴사자의 4대 보험료 공제방법]

구 분		업무처리
입사	지역가입자 중 월중 또는 1일 이후 입사	❶ 건강보험 : 지역에서 납부 다음 달부터 직장납부 ❷ 국민연금 : 지역에서 납부 다음 달부터 직장납부 ❸ 고용보험 : 지급액에 따라 이번 달부터 공제
	직장가입자 중 월중 또는 1일 이후 입사	❶ 건강보험 : 전 직장에서 납부 다음 달부터 현 직장납부 ❷ 국민연금 : 전 직장에서 납부 다음 달부터 현 직장납부 ❸ 고용보험 : 지급액에 따라 이번 달부터 공제
퇴사	직장가입자 중 1일 이후 퇴사	❶ 건강보험 : 퇴사하는 직장에서 납부 새로운 직장에서는 다음 달부터 납부(퇴직정산제도 있으므로 퇴직정산) ❷ 국민연금 : 퇴사하는 직장에서 납부 새로운 직장에서는 다음 달부터 납부 ❸ 고용보험 : 지급액에 따라 이번 달부터 공제(퇴직정산 제도 있으므로 퇴직정산)

? Tip 퇴사자가 발생하는 경우 지급명세서 발급

해당 과세기간 중도에 퇴직한 사람에게는 퇴직한 날이 속하는 달의 근로소득의 지급일이 속하는 달의 다음 달 말일까지 근로소득 원천징수영수증을 발급해야 하며, 퇴직소득을 지급하는 자는 그 지급일이 속하는 달의 다음 달 말일까지 그 퇴직소득 금액과 그 밖에 필요한 사항을 적은 퇴직소득원천징수영수증을 퇴직소득을 지급받는 사람에게 발급해야 한다. 홈택스에서는 회사가 관할 세무서에 신고 후 내년도 4월쯤에 조회 및 출력할 수 있다.

근로소득 원천징수영수증(지급명세서) : 연말정산시 활용(근로자), 지급명세서 제출(사업주)

퇴직소득원천징수영수증(지급명세서) : 퇴직금에 대한 원천징수 영수증(근로자), 지급명세서 제출(사업주)

12

4대 보험료의 연말정산

건강보험, 고용보험, 산재보험은 연말정산 제도를 두고 있으나 국민연금은 정산제도가 없다.

4대 보험을 정산하는 이유는 작년도 소득기준으로 책정되어 올해 근로자에게 부과된 보험료와 올해의 실제 소득을 바탕으로 결정된 보험료의 차이를 조정하기 위함이다.

이에 따라, 차이가 나는 보험료를 추가 징수하거나 환급하는 절차를 거치게 되고, 작년보다 소득이 증가하였을 때 추가 징수된다고 보면 된다.

구 분	내 용
국민연금	정산제도 없음 : 소득총액신고 국민연금은 정산하지 않는다. 공단에서는 근로소득지급명세서를 신고로 간주한다. 이를 가입기간 중 기준소득월액의 결정이라고 한다.

구 분	내 용
	• 기간 : 당해 연도 7월~다음 연도 6월까지 1년간 적용할 보험료를 산정 • 소득총액신고 대상자 : ❶ 지급명세서 미제출자 ❷ 과세자료 제출자 중 20% 이상 상 · 하향자 ❸ 개인사업장 사용자 • 신고대상 소득 : 당해 사업장 과세소득(전 근무지 소득 합산하지 않음) • 신고기한 : 5월 31일
건강보험	정산제도 있음 : 보수총액신고 기보험료 - 정확한 보험료 = 차액을 정산 • 수시정산, 퇴직정산, 연말정산이 있다. • 정산시기 ❶ 근로자는 3월 10일 ❷ 개인사업자 사용자는 5월 정산 차액을 4월 말 보험료에서 추가징수 또는 반환
고용보험 산재보험	기보험료 - 정확한 보험료 = 차액을 정산 • 고용보험은 퇴직정산, 연말정산이 있다. • 정산시기 ❶ 계속 사업장은 3월 15일까지 ❷ 소멸사업장은 소멸일로부터 14일 이내 정산 차액을 4월 말 보험료에서 추가징수 또는 반환

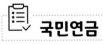 **국민연금**

국민연금 가입사업장은 오는 5월 31일까지 국민연금 사업장가입자의

연금보험료를 납부하는 기준이 되는 소득월액 결정을 위한 소득총액 신고를 해야 한다. 즉, 신고대상자는 개인사업장 사용자 및 국세청에 근로소득 지급명세서를 제출하지 않거나, 과세자료 보유자 중 전년도와 비교하여 기준소득월액이 20% 이상 상·하향되는 가입자, 휴직일수 상이자 등은 신고기한 내 소득총액 신고를 해야 한다.

신고하게 되는 소득총액은 전년도 1개월 이상 근로한 사업장가입자의 전년도 1월 1일부터 12월 31일까지 기간 중 해당 사업장에서 받은 소득총액이다(연도 중간에 입사한 경우는 현 사업장에서 근무기간동안 받은 소득총액).

그러나 국세청에 근로소득 지급명세서를 제출한 경우 국민연금공단이 국세청 자료를 활용하여 소득 결정을 하고 공단에의 소득신고를 생략할 수 있으며, 사업장에서는 6월에 국민연금공단으로부터 발송되는 기준소득월액 정기결정 통지서를 확인한 후에 이상이 있을 경우 정정신고를 하면 된다.

소득총액 신고를 하게 되면 2022년 7월부터 2023년 6월까지 결정된 기준소득월액에 따라 가입자별 기준소득월액의 9%가 부과되게 되며, 기준소득월액이 달라지면 가입자의 평균소득월액이 변경되므로 매년 7월을 기준으로 예상 연금액이 달라진다.

소득총액 신고는 공단에서 송부한 소득총액 신고서에 신고대상자의 신고사항을 작성하여 관할 지사에 직접 신고하거나, 우편 또는 FAX로 제출하면 된다. 또한, 국민연금 웹 EDI(http://edi.nps.or.kr) 및 사회보험 EDI 서비스, 4대 사회보험 포털 사이트(www.4insure.or.kr)를 이용하여 신고할 수 있다(상담 및 문의 : 국번 없이 1355).

건강보험

올해 연봉은 12월 31일이 되어서야 정확히 파악할 수 있으므로, 건강보험료 또한 정확한 금액을 납부할 수가 없다. 따라서 공단에서는 개개인의 건강보험료를 임의로 계산하여 원천징수 했다가 나중에 1년 치를 한꺼번에 모아서 정확히 재정산(3월 10일 건강보험 보수총액 신고)한다. 정산할 때 연봉에 비해 보험료를 많이 냈던 사람들은 차액분을 돌려받게 되고, 적게 냈던 사람들은 추가징수를 하는 것이다.

그리고 연봉은 보통 매년 상승하기 때문에 돌려받는 경우보다는 추가로 내야 하는 경우가 더 많다.

[퇴직(연말)보험료 계산하기]

〈https://www.nhis.or.kr/nhis/minwon/retrieveWkplcHltCtrbCalcuView.do〉

[건강보험료 산정기준]

- 보험료 산정기간 : 1월 1일 ~ 12월 31일
- 연간보험료 : 보수총액 × 보험료율
- 월 보험료 : 보수월액(연간 보수총액 ÷ 연간 근무개월 수) × 보험료율

[건강보험료 부과기준]

- 1월 ~ 3월 : 전전년도 보수월액 × 보험료율
- 4월 ~12월 : 전년도 보수월액 × 보험료율

[건강보험료 연말정산]

- 정산보험료 = 전년도 확정 건강보험료(전년도 보수총액 × 보험료율) - 기납부 건강보험료
- 신고기한 : 매년 3월 10일
- 납입시점 : 다음 연도 4월분 보험료에 추가 부과

건강보험료 정산은 전년도에 월급에서 떼 가던 건강보험료를 다시 정산하는 것이다. 따라서 전년도 때 기납부 했던 건강보험료를 확인 해야 한다.

① 갑의 2023년 정산보험료

⊙ 건강보험료 = 5,050만원 × 3.495% = 1,764,970원

⊙ 장기요양보험료 = 1,764,970원 × 12.27% = 216,560원

⊙ 정산보험료 총액 = 1,764,970원 + 216,560원 = 1,981,530원

② 갑의 기납부 건강보험료

⊙ 건강보험료 = 1,732,150원

⊙ 장기요양보험료 = 199,540원

⊙ 기납부보험료 합계 = 1,732,150원 + 199,540원 = 1,931,690원

③ 건강보험료 정산결과

갑은 2023년 4월에 건강보험료 49,840원 추가납부를 한다.

위의 금액은 추정치로 실제 금액과 요율로 인해 약간 차이가 날 수 있으므로 계산 흐름만 참고하기를 바란다.

참고로, 추가로 납부 금액이 많을 경우, 1회~10회까지 분할납부가 가능하니, 한 번에 내기 부담스러우면 회사에 분할납부를 신청할 수 있다.

직장가입자 보수 총액 통보서

※ 작성방법은 뒤쪽을 참고하시기 바라며, 바탕색이 어두운 난은 통보인이 적지 않습니다.

접수번호			접수일			처리기간	
사업장	단위사업장명			⑦회계			
	사업장 관리번호			명칭			
	전화번호			팩스번호		작성자 성명	
① 일련 번호	② 건강보험증 번호	③ 성명	④ 주민등록번호 (외국인등록번호)	⑤ 자격 취득일 (변동일) 년 월 일 yyyy.mm.dd	⑥ 전년도 보험료 부과 총액	⑦ 전년도 보수 총액	⑧ 근무 개월 수
1							
2							
3							
4							
5							
6							
7							
8							
9							
10							

❶ 전년도 보수총액

12월 31일 현재 속해있는 사업장의 총급여를 적는다.

총급여에 해당하는 금액은 '소득세법상 비과세급여'를 제외한 금액이다.

보수총액 포함	보수총액 불포함
모든 형태의 급여 및 상여, 과세 수당이 보수총액에 포함된다.	식대(월 10만원 이내), 자가운전보조금 (월 20만원 이내), 생산직 근로자의 초과수당 등이 있다.

❷ 근무 월수

연도 중에 '급여를 받은 기간 전체'를 의미한다. 한 달 중 단 하루라도 근무한 경우, 근무월수 산정에 포함된다.

예를 들면, 1월 20일에 입사해서 4월 11일까지 근무한 경우, 근무월수는 '4개월'이 된다.

연도	건강보험	3.495%
2022	장기요양보험	12.27%

연말정산 보험료

성명	당해연도 보수총액 (직접입력)	근무개월수 (직접입력)	정산연도 보수월액	월보험료		산정개월수 (정산연도 근무월수)	당해연도 확정보험료		기납부험료		정산보험료	
				건강	장기요양		건강	장기요양	건강(직접입력)	장기요양 (직접입력)	건강	장기요양
	48,000,000	12	4,000,000	139,800	17,150	12	1,677,600	205,800	1,644,000	184,140	33,600	21,660

기납부 보험료

	1월	2월	3월	4월	5월	6월	7월	8월	9월	10월	11월	12월
건강보험	136,400	136,400	136,400	137,200	137,200	137,200	137,200	137,200	137,200	137,200	137,200	137,200
장기요양	13,980	13,980	13,980	15,800	15,800	15,800	15,800	15,800	15,800	15,800	15,800	15,800

합계	건강보험	1,644,000
	장기요양	184,140

Tip 이중가입자의 건강보험 정산방법

1. 두 개의 사업장을 동시에 근로한 경우

각 사업장에서 건강보험 연말정산을 동시에 실시한다.

보수총액과 근무월수는 각 사업장에서 근무한 부분만 입력한다.

2. 연도 중 사업장을 퇴사한 후, 다른 사업장으로 이직한 경우

12월 31일 현재 근무 중인 사업장에서만 실시하면 된다.

보수총액과 근무월수는 현재 사업장에서 근무한 부분만 입력한다.

 ## 고용보험

고용 및 산재보험 보수총액신고의 경우 3월 15일까지 해야 한다.

보수총액 신고는 말 그대로 전년도 사업장 소속 직원에 지급한 보수 총액을 신고하는 것이다. 즉 사업주를 제외한 모든 근로자이며, 단기 아르바이트생, 일용근로자, 단시간 근로자 모두 포함해 신고해야 한다.

보험 가입자는 전년도 납부한 보험료를 정산하고, 금년도 납부할 월 보험료 산정을 위해 근로자가 없어도 보수총액신고서를 꼭 제출해야 한다.

해마다 보수총액 신고를 해야 하므로 사업장에 신고서가 우편으로 오기도 하고, 팩스로도 물론 처리할 수 있지만, 근로복지공단 고용·산재보험 토털 서비스(http://total.kcomwel.or.kr)를 통해서도 가능하다.

보수총액 신고를 할 때는 임시 아이디가 아닌 사업주 또는 법인 공

인인증서로 로그인을 해야 한다. 정산보험료는 납부 전에 예상 금액을 확인할 수 있다. 고용·산재보험 토털 서비스 홈페이지 내 보험료 정보조회 메뉴를 이용하면 된다.

2020년도(귀속) 보수총액은 퇴직정산 시행일 이후 고용관계가 종료된 근로자는 퇴직정산으로 퇴직 시점에 보험료를 정산하고, 퇴직정산으로 보험료를 정산하지 않은 근로자(재직근로자, 일용근로자 등)는 보수총액신고서로 정산한다.

[고용보험료 정산]

납부월	보수월액 (급여 - 비과세)	종업원수	납부해야 할 금액		실제 납부 한 금액		퇴직정산액	
			근로자 납부액	사업주 납부액	근로자 납부액	사업주 납부액	근로자 정산	사업주 정산
1월	3,000,000	150인 미만	24,000	31,500	24,000	31,500		
2월	3,000,000	150인 미만	24,000	31,500	24,000	31,500		
3월	3,000,000	150인 미만	24,000	31,500	24,000	31,500	0.8%	1.05%
4월	3,000,000	150인 미만	24,000	31,500	24,000	31,500		
5월	3,000,000	150인 미만	24,000	31,500	24,000	31,500		
6월	3,000,000	150인 미만	24,000	31,500	24,000	31,500		
7월	3,000,000	150인 미만	27,000	34,500	27,000	34,500		
8월	3,000,000	150인 미만	27,000	34,500	27,000	34,500		
9월	3,000,000	150인 미만	27,000	34,500	27,000	34,500	0.9%	1.15%
10월	3,000,000	150인 미만	27,000	34,500	27,000	34,500		
11월	3,000,000	150인 미만	27,000	34,500	27,000	34,500		
12월	3,000,000	150인 미만	27,000	34,500	27,000	34,500		
계			306,000	396,000	306,000	396,000	0	0

[　]산재보험 [　]고용보험 (　　)년도 보수총액신고서

※ 신고는 고용·산재보험 토탈서비스(total.kcomwel.or.kr)를 이용하거나 전자적 매체(CD 등)를 제출하는 방식으로 합니다(10명 미만 사업장은 서면으로도 신고할 수 있습니다).
※ [　]에는 해당되는 곳에 "√" 표시를 하기 바라며, 색상이 어두운 난은 신고인이 적지 않습니다.

접수번호		접수일자						처리기간	
관리번호			사업장명		대표자			산재업종	
사업장 소재지				전화번호			팩스번호		

성명	주민(외국인)등록번호	①보험료 부과구분	산재보험						고용보험			
			취득일	전보일	②연간 보수총액(원)	③월평균보수(원)		취득일	전보일	④종사자 코드		

⑦일용근로자 등 보수총액 (※뒤쪽 작성방법 5번 참조)	근로자 총사 사업			⑦.1고용미가입된 중 실업급여 보수총액 (※뒤쪽 작성방법 5번 참조)	
	예술인 총사 사업			근로자 총사 사업	
	노무제공자 총사 사업			예술인 총사 사업(⑧)	
⑧그 밖의 근로자 보수총액 (※뒤쪽 작성방법 6번 참조)					
⑨합계		②+⑦+⑧+⑥		노무제공자 총사 사업(⑨)	

※ 「산업재해보상보험법」 제126조에 따라 「국민기초생활 보장법」 제15조에 따른 자활급여 수급자 중 고용노동부장관이 정하여 고시하는 사업에 종사하는 자(이하 "자활근로 종사자"라 합니다) 및 노동조합 등으로부터 금품을 지급받는 "노조전임자"가 있는 경우에는 해당 근로자의 보수총액 등은 뒤쪽의 ⑩란에 적습니다.

⑩연도 중 산재보험 업종변경 사업장의 기간별 보수총액 (※ 연도 중 산재보험 업종변경이 있는 경우에만 적습니다.)

구분	업종변경 전	업종변경 후
사업장의 보수총액(원)		

⑪매월 말일 현재 일용근로자 및 그 밖의 근로자 수 (※ ⑦번 또는 ⑧번 해당 근로자가 있는 경우에만 적습니다.)

구분	1월	2월	3월	4월	5월	6월
일용근로자 및 그 밖의 근로자 수(명)						

「고용보험 및 산업재해보상보험의 보험료징수 등에 관한 법률」 제16조의10제1항·제2항, 같은 법 시행령 제19조의7제1항·제2항·제5항 및 같은 법 시행규칙 제16조의6에 따라 사업장 근로자·예술인·노무제공자의 보수총액 등을 위와 같이 신고합니다.

년　월　일

신고인(사업주)　　　　　(서명 또는 인)　　[　] 보험사무대행기관　　　(서명 또는 인)

근로복지공단 ○○지역본부(지사)장 귀하

⑫자활근로종사자 및 노동조합 등으로부터 금품을 지급받는 "노조전임자"의 보수총액(※ 해당 근로자가 있는 경우에만 적습니다)

관리번호			사업장명			사업장 소재지			
성명	주민(외국인)등록번호	①보험료구분	산재보험					고용보험	
			취득일	전보일	⑭연간보수총액(원)	⑮월균보수(원)	취득일	전보일	④근무지코드

※ 위 ⑫란의 "고용보험 연간보수총액"은 "실업급여"와 "고용안정·직업능력개발"의 각각 한 부문만 적용될 수 있으므로 해당 부문을 구분하여 적습니다.
※ 노조전임자가 연도 중 일정 기간만을 노동조합에 전임한 경우에는 비전임기간의 보수액도 ⑫란에 같이 적습니다.

작성방법

(작성방법 표 - 판독 곤란)

과납 보험료 신납 충당 또는 반환 신청서

「고용보험 및 산업재해보상보험의 보험료징수 등에 관한 법률 시행령」 제31조제2항·제56조의5제6항제3호·제56조의6제4항제3호 및 「임금채권보장법 시행령」 제21조에 따라 아래와 같이 과납보험료 [　] 신납 충당 및 [　] 반환 신청합니다.

년　월　일

신고인(사업주)　　　　(서명 또는 인)　　[　]보험사무대행기관　　　(서명 또는 인)

근로복지공단 ○○지역본부(지사)장 귀하

13

법인사업장에 대표자만 있거나 대표자가 무보수인 경우 4대 보험

법인사업장은 다른 근로자 없이 대표자 1명만 있어도 사업장 가입대상이며, 국민연금·건강보험 취득신고를 해야 한다.

법인사업장에서 보수를 받지 않는다면 국민연금공단·건강보험공단에 무보수 대표자 신고를 해야 한다.

직원을 고용하거나, 대표이사가 급여를 받기 전까지는 가입제외확인서와 무보수확인서, 무보수 대표자 증빙자료(정관, 이사회 회의록, 규정 등)를 건강보험·국민연금 관할 지사에 제출한다.

법인사업장에서 직장가입자로 가입 중 중도에 보수가 지급되지 않게 되었다면 사업장가입자 상실신고와 함께 무보수 여부 및 기간을 증빙할 수 있는 자료(정관, 이사회 회의록, 규정 등)를 제출하면 된다. 이 경우 국민연금과 건강보험에 자격 신고한 내용은 동일해야 하며, 추후 국세청 소득신고 내역 발생 시에는 소급하여 보험료가 부과될 수 있다.

※ (건강보험) 6개월 미만으로 소급하여 신청할 경우는 '법인대표자 무보수확인서(서식)' 제출이 가능하다.

사업장 가입 전 무보수 대표자 신고는 사업장 성립신고서 + 사업장 가입자 취득신고서(근로자가 있을 경우) + 무보수 증빙자료(대표자) (정관, 이사회 회의록, 규정 등)를 공단 관할 지사에 제출하면 된다.

법인대표자 무보수 확인서

사업장	사업장명		사업자등록번호 (고유번호)	
	전화번호		사업장관리번호	
대표자	성 명		생년월일	
	전화번호		휴대전화번호	

※ 대표자 보수 미지급기간: 20 . . . ~ 20 . . . (□ 기한없음)

1. 본 법인(업체, 단체)의 대표자는 보수를 지급받지 않는 무보수 대표자로 이에 해당 확인서를 제출합니다.
2. 추후 국세청, 지도점검 등을 통하여 보수지급 사실이 확인될 경우, 상기 사업장의 직장가입자 자격취득 사유발생일로 소급 취득하며, 그로 인해 발생된 건강(장기요양) 보험료를 납부할 것을 확인합니다.
3. 6개월 이상 소급하여 신고할 경우 해당 확인서가 아닌 대표자의 무보수 및 해당 기간을 확인할 수 있는 정관, 규정, 이사회회의록, 조례 중 하나를 제출하셔야 합니다.

20 . . .

법인 :　　　　　　　　　(인)

국민건강보험공단 이사장 귀하

건강보험 사업장 가입 제외 확인서

사업장	명 칭 (상 호)			
	주 소			
	대표자성명			
	법 인 번 호 (생 년 월 일)		사 업 자 등록번호	
	전 화 번 호		휴대폰번호	

○ 제외사유 (해당하는 □내에 ∨표시)

□ 근로자가 없고 개인 대표자만 있는 사업장

□ 근로자가 없고 무보수대표만 있는 법인사업장

- 보수 없는 기간: 년   월   일 ~   년   월   일 (□ 기한없음)

- 추후 국세청, 지도점검 등을 통해 보수지급 사실이 확인될 경우, 상기 사업장의 적용 사유발생일로 소급 취득하며 그로 인해 발생된 건강(장기요양)보험료를 납부할 것을 확인합니다.

- 6개월 이상 소급 신고 시 정관, 이사회 회의록 등 무보수 사실 확인 가능 서류 첨부

□ 부도·도산사업장

- 금융기관의 금융거래사실확인서, 파산선고판결문 등 관련서류 첨부

□ 기타 사유(상세히 기재 :   )

- 해당 사실 증명 서류 첨부

※ 이미 가입 중인 사업장은 (사업장관리번호:) 기재 바랍니다.

○ 첨부서류 :

우리 사업장은 위의 사유로 「국민건강보험법」 제7조에 의한 건강보험 가입대상 사업장이 아님을 확인하며, 추후 근로자 고용 등으로 건강보험 가입대상일 경우 14일 이내에 『건강보험 사업장(기관)적용신고서』를 제출하겠음을 확인합니다.

만일 위 신고사실이 허위인 때는 「국민건강보험법」 제115조(벌칙) 및 제119조(과태료)에 의한 벌금, 과태료 부과, 사업장 직권가입으로 불이익을 받을 수 있음을 확인하였습니다.

20 .   .   .

사용자(대표자) :   (인)

국민건강보험공단   지사장 귀하

이사회 의사록

일　　시 : 20○○년 11월 17일 오전 10:00시
장　　소 : 당 회사 본점 회의실에서 다음과 같이 이사회를 개최하다.

이사 총수	3명,	출석 이사 수	3명
감사 총수	1명,	출석 감사 수	0명

대표이사 ○○○은 법 정원수에 달하게 출석하였음을 확인하고 본 총회 개회를 선언하다.
이어 다음 의안을 부의 하고 심의를 구하다.

　1. 제1호 의안　　무보수 대표이사 xxx 선임의 건

의장은 본 회사의 형편에 따라 공동대표이사 ○○○의 보수를 무보수로 정하고
이사들의 협의를 통하여 가부를 물은 즉, 전원 이의 없이 만장일치로 승인가결하다.
이상 금일의 의안이 전부 심의 종료되었음을 고하고 의장은 폐회를 선언하다.
(시간은 11시 00분)
위 결의를 명확히 하기 위하여 의사록을 작성하고 출석한 이사는 다음에 기명날인하다.

서기 20○○년　11월 17일

○○○ 주식회사

대표이사　　xxx　　(인)
이　　사　　xxx　　(인)

14

4대 보험료 아끼려다
손해 볼 수 있는 여러 가지 것들

 급여를 축소(미) 신고하는 경우

급여를 축소신고 하는 경우 4대 보험은 줄어들고 세금은 증가한다.
그런데 대부분 사용자는 당장 4대 보험료가 주는 것에만 눈이 멀어
미래에 법인세나 소득세를 더 낼 수 있다는 점을 잊어버린다.

정확한 의사결정을 위해서는 급여 축소 신고로 인한 4대 보험료 절
감액과 세금 증가액을 비교해보는 지혜가 필요하지만, 모르거나 귀
찮아서 또는 이를 비교해주는 세무대리인이 없어서 그냥 4대 보험
절감액만 보고 급여를 축소 신고한다.

축소 신고금액	4대 보험 부담감소	세금 부담 증가분(세율)		
		6%	15%	24%
50만 원	월 47,360원 연 47,360원 × 12 = 568,320원	월 3만원 연 36만원	월 7만 5천원 연 90만원	월 12만원 연 144만원

축소 신고금액	4대 보험 부담감소	세금 부담 증가분(세율)		
		6%	15%	24%
100만 원	월 94,730원 연 94,730원 × 12 = 1,136,760원	월 6만원 연 72만원	월 15만원 연 180만원	월 24만원 연 288만원

위의 표에서 보면 50만 원 축소 신고하면 4대 보험은 연 568,320원을 절약할 수 있지만, 세금기준 연 600만 원의 비용인정을 적게 받게 되며, 세율 15% 적용기준 90만 원의 세금을 더 내게 된다.

결국 331,680원(90만원 - 568,320원)을 손해 본다. 그 차이는 미신고 또는 축소신고 금액이 클 수록, 세율이 높을수록 더 커진다.

4대 보험 축소액은 자동계산기(검색 사이트에서 4대 보험 자동계산기 검색)에서 월 급여란에 축소 신고한 금액을 입력한 후 나온 사업주 부담금이 월 축소 신고에 따른 4대 보험 사업주 이익분이다. 어차피 근로자 부담분은 근로자가 부담하므로 사업주에게는 손익이 없는 금액이다.

만일 4대 보험 근로자 부담분을 회사가 대납해주는 경우는 근로자 부담분도 고려해서 판단한다.

근로자를 3.3% 사업소득자로 신고하는 경우

직원을 4대 보험 절약을 위해 3.3% 사업소득자로 신고하는 경우 당장은 4대 보험료를 절약할 수 있으나 추후 발각되는 경우 적게는 입사일부터 소급해서 가입해야 하며, 최대 3년 치의 근로자부담분까지 회사가 전액 부담할 수 있다.

퇴사 시점에는 누구나 실업급여를 받기를 원하므로 입사 시점에는 사업소득자로 신고하는 것을 합의했을지 모르지만 퇴사시 이를 공단에 신고할 가능성이 크다.

신고의 가능성 큰 이유는 실업급여를 못 받고, 금융거래나 이직 시 경력인정을 못 받을 가능성이 크며, 퇴직금 등의 청구 시 퇴직금을 받을 때 근로자성을 인정받기 어려워서다.

합의서를 작성했다고 사업주가 주장해도 가입의무 자체는 사업주에게 있으므로, 사업장은 사업주분 보험료뿐만 아니라 근로자분의 보험료도 납부해야 하며 이에 대한 가산세 및 과태료도 부과된다.

우선 회사가 납부하고 해당 직원에게 받으려고 해도 해당 근로자는 이미 퇴사했으므로 연락이 쉽지 않으며, 시간과 비용을 투자해 민사소송을 통해 받는 방법밖에 없다.

 ## 각종 지원금 수급 불가

사업장에서 지원받는 각종 지원금은 고용보험 가입자를 대상으로 주는 경우가 대부분이다. 즉 기본적으로 4대 보험을 올바르게 가입하고 있다는 전제 조건하에서 지급하는 것이다.

4대 보험 미가입 시 근로자 및 사업주를 위한 두루누리 보험료 지원금, 고용유지지원금 등 다양한 정부지원금 혜택을 받을 수 없다.

또한 근로자는 실업급여를 받을 수 없다.

산재처리 문제

산재보험을 가입하지 않은 사업장에서 산업재해가 발생한다면 그 즉시 산재보험에 가입해야 한다.

그러나 사업장 산재보험의 성립일자는 최초 근로자의 근로일 기준이므로 그간 가입시키지 않았던 다른 근로자들에 대한 보험료, 연체료도 최대 3년 치를 납부해야 한다. 또한 보험료 외에 공단에서 재해자에게 지급하는 치료비 등 보험급여액의 50%를 추가 부담해야 한다.

결론은 근로자 4대 보험 미가입 시 발생하는 위험 부담은 근로자보다 사업주가 더 크다. 따라서 당장 눈앞의 4대 보험을 절약하기보다는 여러 가지 요인을 고려해 4대 보험보다 더 큰 손해를 보지 않도록 해야 한다.

15

궁금해하는 4대 보험 관련 사례

2개 이상 사업장에서 근무하는 경우 4대 보험

구 분	처리방법
건강보험	2개의 사업장에서 각각 가입
국민연금	⊙ 급여가 월 553만원 이하면 이중 가입 후 안분 납입 ⊙ 급여가 월 553만원을 초과하면 이중 가입 후 주사업장에서 납부
고용보험	주된 사업장(임금이 많은 사업장, 근로시간이 긴 사업장, 근로자 선택 순) 한 곳에서만 가입
산재보험	2개의 사업장에서 각각 가입

가족회사 가족의 4대 보험

≫ 국민연금·건강보험

가족이더라도 근로관계가 인정되면 직장가입자로 신고할 수 있다.

근로기준법에 따라 일반 근로자와 마찬가지로 사업주의 지휘·감독 하에서 상시 근로를 제공하고 그 대가로 임금이 지급되는 경우 가입할 수 있다.

》 고용·산재보험

사업주의 동거친족(보통 사업주와 함께 거주하는 배우자·자녀 등 직계 가족)은 원칙적으로 근로자로 보기 어려워 가입대상에서 제외된다. 그러나 일반 근로자와 마찬가지로 사용종속 관계가 명확히 입증된 경우는 직장가입자로 신고할 수 있다.

1인 회사에서 근로자 1명 채용 시 4대 보험

우선 4대 보험은 근로자가 1인 이상이면 가입이 의무적인 사항이다. 개인사업장의 대표자는 급여라는 개념이 없으므로, 사업장이 최초 가입 시에는 근로자와 동일하거나 그 이상으로 급여신고를 하면 되며(국민연금, 건강보험 공통사항임), 만일 새로 생긴 사업장이 아닌 계속사업을 영위한 사업장인 경우는 전년도 종합소득세로 신고한 금액을 기준으로 급여를 책정해서 신고하면 된다.

이러한 경우에서 만일 종합소득세 신고금액이 마이너스(−) 이거나 금액이 미미한 경우에는 동일한 금액으로 신고를 하면 된다.

4대 보험에 가입한 근로자의 경우 근로소득세 연말정산과 마찬가지로 연도 중에 지급받은 총급여를 근무한 개월 수로 나누면 월평균 급여가 산정되어, 다음 해에 고지되는 금액이 변동될 수 있으며, 대표자의 경우, 매년 5월에 관할 세무서에 종합소득세를 신고하게 되는데, 연간 총소득에서 제반 경비로 인정되는 부분을 제외하면 결국 나머지 금액을 순소득이라고 볼 수 있으며, 이를 사업을 영위한 달수로 나누어 나온 값을 기준으로 국민연금과 건강보험료의 금액이 변동되게 된다. 바꾸어 말해, 가입한 첫해에만 취득신고시 정한 급여로 국민연금과 건강보험이 고지되나, 다음 해부터는 이러한 과정을 거치게 된다고 생각하면 된다.

 ## 수습근로자 4대 보험 보수월액 신고금액

❶ 수습급여로 신고한 후 정규직 전환될 경우 고용산재보험 토탈이나, 건강보험 EDI에서 보수변경신고하는 방법을 사용한다.

❷ 수습기간급여와 정규직이 되었을 때 급여를 합한 후 12로 나눈 월평균급여로 신고한다.

위 2가지 방법 중 하나를 사용한다.

❶은 해당 수습사원이 정규직으로 전환될 지 확실하지 않은 경우 사용하기 쉽다. 참고로 고용보험과 건강보험은 정산과정을 거치게 되므로 너무 민감하게 신경 쓸 필요는 없다.

16

소급신고로 발생한 건강보험·
국민연금 근로자부담금 공제

4대 보험 소급신고는 잘못된 내용을 바로잡고 사업장의 의무와 근로자의 자격 권리를 보호해주는 것이므로 사업장 입장에선 부담으로 작용하겠지만 사실 본래 납부했어야 했던 보험료를 내는 것이며 불법에서 합법으로 돌아가는 것이다.

소급신고가 발생하는 유형

≫ 일용직 근로자의 가입기준

일반적으로 가장 많이 일어나는 문제는 단순 누락의 경우이다. 사업주, 근로자를 불문하고 일용직 근로자에 대한 4대 보험 가입기준에 대한 인식과 의지는 여전히 많이 떨어져 있는 상태다. 일용근로자의 경우 1개월 이상 근무하며 월마다 8일 이상 근무하는 근로자는 국민연금 및 건강보험 가입이 의무이다. 반면 고용보험 및 산재보험은 근로자가 하루만 근로를 제공하더라도 가입대상이다.

≫ 상호합의를 통한 4대 보험 가입회피

① 건강보험의 경우 피부양자 제도가 있어서 가족 중에 건강보험 가입자가 있으면 이미 피부양자로 가입되어 있으므로 혜택은 받으면서, 보험료는 납부하고 싶지 않아 거부하는 경우이다. 근로자가 근로를 제공하게 되면서 사업장 측에 본인의 자격 내용에 대해 신고하지 말아 줄것을 부탁하는 유형이다. 이 경우 사업주도 4대 보험료를 부담하지 않아서 이익이므로 동의하는 경우다.

② 각종 본인의 지원제도의 자격유지나 실업 상태에서의 수당수급 등을 이어가기 위해 4대 보험 가입을 회피하는 경우이다.

③ 사업주가 4대 보험을 부담하기 아까워서 3.3% 사업소득자로 신고하는 경우다.

사유가 어떻게 되었든 기본적으로 4대 보험 가입 신고에 대한 의무는 사업주에게 있으므로 근로자의 요청 수락 여부는 사업주가 결정할 사항이며, 상호 간 약정이 있어도 사업주가 모든 책임을 진다.

≫ 경영악화 등의 사유로 인한 가입 회피

사업장 측에서 의무를 인지하고도 가입을 회피하는 경우이다. 근로자의 가입을 지속적으로 지연 및 누락시켜 보험료 부담을 없애고 나아가서는 세무신고 누락까지 이어지기도 한다. 가장 커다란 문제는 실제 가입은 하지 않고도, 근로자의 급여에서 각종 보험료 공제는 하는 경우이다. 이는 근로자가 본인의 자격 이력 및 자격 상태에 대해서 온라인, 모바일 등의 방법으로 쉽게 확인할 수 있으므로 근로자가 알고자 한다면 바로 문제가 드러나게 되는 경우이다.

4대 보험 소급 적용

≫ 근로자의 신고

지금 설명하는 사항은 최초 근로계약 시 모르고 3.3% 사업소득자로 계약 후 퇴사 시 고용보험 미가입으로 인해 실업급여를 받지 못하는 사업소득 근로자가 취하는 방법이다. 반대로 사업주는 이와 같은 상황이 발생해 과태료 및 최대 3년분의 4대 보험 폭탄을 맞을 수 있으니 유의한다. 참고로 해당 문제로 인해 근로계약서 미작성이 발각되어 근로계약서 미작성에 따른 과태료까지 사업주는 부담할 수 있다.

4대 보험은 1인 이상 사업장에서 의무적으로 가입해야 하는 사회보험이다. 사업주는 그 근로자에 대해 4대 보험 취득 신고를 해야 할 의무가 있으며 근로자는 사업주에게 근무기간에 대하여 소급하여 가입시켜 달라고 요청할 수 있다.

소급기간은 신고일로부터 3년까지 가능하다.

만약, 사업주가 고용보험 피보험자격에 대하여 고용센터에 신고를 거부하는 경우는 사업장 소재지 관할 고용센터에 근로사실을 입증할 수 있는 증빙자료(급여이체내역서 등)를 첨부하여 "고용보험피보험 자격확인청구서"를 제출하면 조사 및 확인을 거쳐 고용보험에 소급하여 가입할 수 있다. 단, 근로자부담 분은 납입해야 한다.

근로자가 고용보험 소급 가입신청 방법

사업주가 자발적으로 소급신청을 할 경우 고용보험 취득신고, 상실신고, 이직확인서 제출 등의 절차를 거치면 되고, 사업주가 자발적으로 진행하지 않는 경우 근로자가 직접 근로복지공단에 근로계약서나 통장, 급여명세서(급여통장 사본), 소득금액증명원, 출퇴근기록, 업무지시서 등 해당 사업장의 근로자였음을 입증할 수 있는 서류와 함께 고용보험 확인신청을 진행하면 된다.

이는 고용보험 피보험자격확인청구제도로써 피보험자격확인청구의 경우 사업장 관할 근로복지공단이나 홈페이지에서 신청이 가능하다. 근로복지공단에서 대상자임을 조사하여 확인한다면 고용보험을 소급하여 3년까지 가입한 것으로 보므로, 이 증명을 근거로 건강보험, 국민연금공단에 가입자 자격 정정 신청을 할 수 있다.

피보험자격 확인 청구

피보험자격 확인청구란 현재 재직중이거나 혹은 퇴사하여 피보험자였던 근로자가 자신의 자격내용에 대해 이의 및 오류가 있을 경우, 이를 사업장을 통하지 않고 근로자가 직접 신청하면 근로복지공단이 사실 확인을 통하여 직권으로 해결할 수 있도록 한 제도로서 사업장 관할의 근로복지공단에 고용보험 피보험자격 확인 청구서를 제출하면 된다. 이때 고용관계 및 근로제공 여부를 알 수 있는 근로계약서, 소득금액 증명원, 급여통장 사본 등 기타 업무 지시(근로감독)를 받은 SNS 송수신 내역 등을 제출하면 된다.

기본적으로 구비서류의 제출은 필수적이며, 이에 따른 추가 증빙자료로 SNS 송수신 내역이나 메신저, 사업장 내부의 컴퓨터 로그인 기록, 교통카드 (출퇴근) 내역, CCTV 자료까지 이용되기도 한다.

≫ 사업주의 4대 보험 소급 신고

소급신고 방법

4대 보험은 입사일 기준으로 소급신고가 가능하다. 4대 보험 취득신고를 제때에 하지 않았을 경우, 사업주의 귀책사유이므로 사업주는 과태료나 연체가산금을 부담해야 한다. 단, 건강보험은 가산금은 없다.

소급가입을 위해서는 지연 취득(소급취득)신고 시 근로계약서, 재직증명원, 급여대장, 근로소득원천징수영수증 등 소명자료를 요구할 수 있다. 물론 소급 상실신고 때도 상실신고와 함께 사직서, 퇴직증명원, 급여대장, 근로소득원천징수영수증 등 소명자료를 요구할 수 있다.

소급신고 후 4대 보험료 납부

소급신고 후 최대 3년치의 4대 보험료를 납부해야 하는데, 근로자 부담분은 근로자가, 사업주부담분은 사업주가 부담하면 된다.

노동청에서는 임금의 전액불 원칙을 어길 수 있는 것은 1개월 단위의 급여지급분에 대한 것이고 이를 초과한 분에 대해서는 원천징수가 불가능하며 원천징수를 할 경우 이는 임금체불로 보고 있다(임금정책과-3847, 2004.10.07.).

다만, 매달 납부했는데, 그 금액이 과소납부하여 정산을 통해 차월 등에 평소보다 더 많은 금액을 원천징수하는 것은 가능하다. 즉, 1개월치에 대해서는 원천징수를 할 수 있으나 그 초과분에 대해서

① 사업주가 미리 근로자분까지 다 내주고 민사적인 방법으로 근로자로부터 받아 내거나,

② 위 사항을 이유로 근로자에게 직접 징수하도록 처리해야 한다.

17

건강보험지도점검

건강보험공단은 자격 및 보험료 정산 등 건강보험 신고 사항에 대한 정기적인 업무 안내를 함으로써 사업장의 원활한 업무처리를 도모하고, 착오·누락·부당 신고로 인해 발생된 각종 건강보험 관련 업무를 확인하여 이를 정정하고 보험료를 부과 환수하는 사업장 지도점검을 실시하고 있다.

건강보험 가입 사업장에 대하여 3년에 1회 이상 지도점검이 실시되며, 지사별로 연간 사업계획에 따라 관할 사업장을 대상으로 실시하게 되는 ❶ 정기 지도점검과 본부에서 선정하여 지사에 통보하는 ❷ 특별지도점검 등 두 종류의 지도점검이 있다.

지도점검 진행은 점검 대상 사업장 선정 → 서류제출 요청 안내문 발송 → 서류점검 → 서류 미제출 시 서류제출 독려 또는 현장 확인 필요시 출장 점검 안내 → 출장 점검 → 점검내용 사전통지 → 점검 내용 전산 등록 및 결과 통보

보험료 추징

건강보험공단은 사용자가 신고한 보수나 소득 중에 축소, 탈루가 있다고 인정하는 경우 지도점검을 통하여 누락된 보험료 3년 치를 추징하고 있다.

 지도점검 사업장을 선정하는 기준

지도점검 사업장을 선정하는 기준은 다음과 같다.
① 연말정산 보수총액통보서 미신고율이 일정비율 이상인 사업장
② 국세청 소득금액과 연말정산 신고금액이 일정비율 이상 차이가 발생한 사업장
③ 자격변동 관련 서류를 일정비율 이상 지연신고하거나 상당한 기간 지도점검을 받은 사실이 없는 사업장
④ 허위 면허, 사업자등록 대여 등으로 민원이 제기된 곳
⑤ 그 밖에 지사별로 특별히 필요하다고 판단되는 곳
위와 같은 기준에 따라 건강보험 지도점검 대상 사업장을 선정하면 일용직 지급명세서 및 근로내용확인신고서, 회사가 자체 관리하는 노임대장, 노임 이체내역, 공사계약서 등을 종합적으로 판단하여 누락 된 건강보험료를 부과하게 된다.
건강보험공단에서는 일용직도 빠짐없이 고용보험의 근로내용확인신고 자료와 일용직 지급명세서를 대조하여 월별 노임총액과 근로일수 일치 여부를 확인하여 누락된 부분을 찾아낸다. 따라서 건강보험 지도점검에 대비하여 근로소득원천징수부, 원천징수이행상황신고서,

일용근로소득지급명세서 등 관련 자료들을 평소에 챙겨 두는 것이 좋다. 만약 잘못된 부분이 있더라도 곧바로 보험료가 추징되는 것은 아니다. 해명 및 소명의 기회가 주어지니 이 기회를 놓치지 않고 활용해야 한다.

지도점검 실시 방법

건강보험 가입 사업장에 대하여 3년에 1회 이상 실시
① 방문점검 : 방문사실 안내 방문 점검(관련 서류 열람·복사결과 설명
② 서류점검 : 서류제출 요청 서류제출 및 점검결과 통보
③ 신고 누락·착오자 정정 및 보험료 부과 환수
※ 1차 제출(임금대장, 노무비 명세서), 2차 제출(결산서, 근로소득지급명세서) - 단계적으로 시행

지도점검 확인 사항

사업장 지도점검시 본사 또는 현장으로 지도점검 실시 안내 및 자료 제출 요청
① 사업장 및 대표자 변경 신고 적정
② 외국인 근로자 자격취득·상실 신고 관련 지도점검
③ 본사 및 현장 일용근로자 자격취득·상실 신고 관련 지도점검
④ 보험료 연말정산, 중간정산, 퇴직정산 적정성 여부
⑤ 적정 보험료 공제 여부

⑥ 소득 축소·탈루 여부 확인 → 세무조사 의뢰 가능

⑦ 건강보험제도의 전반적인 관련 사항 지도 및 홍보, 건의사항 수렴

지도점검 대상 서류 예시

사업장 규모, 업종 등에 따라 제출서류를 생략 또는 추가

① 근로소득원천징수부

② 임금(급여)대장 / 일용노무비명세서

③ 원천징수이행상황신고서

④ 종합소득 과세표준 확정신고서(개인 대표자)

⑤ 일용근로소득지급명세서

⑥ 재무제표(재무상태표, 손익계산서)

건설업 특례(사후정산 제도)

건설업은 본사 직원 외에도 현장의 일용근로자들이 많기 때문에 보험료 관리가 제대로 되지 않는 경우가 많다. 그렇기 때문에 건강보험공단은 현장 일용근로자들에 대한 자격취득 여부를 가장 중점적으로 보게 된다.

현장 일용근로자의 경우, 한 현장에서 1개월 이상 근무하고 8일 이상 근무하게 되면 가입대상자로 신고해야 한다. 사업장에서는 가입대상이 되지 않도록 현장별로 8일 미만으로 근로하는 것으로 관리를 하고 있는데 여기서 한 가지 간과하고 있는 사실이 있다. 바로 현장

별 성립신고를 하지 않은 상태에서 현장별 8일 미만 근로방식으로 운영하고 있다는 것이다. 현장별 성립신고가 되어있지 않으면 일용근로자가 아무리 현장별로 8일 미만으로 근로하더라도 현장별 신고를 적용할 수 없다. 모든 현장의 근로일수를 합하여 본사로 통합신고해야 하기 때문에 모든 현장의 근로일수 합이 8일이 넘게 되면 건강보험 가입신고 대상이 되고 보험료를 납부해야 한다.

건강보험공단은 현장별 성립신고가 되어있는지? 여부를 가장 먼저 확인하고 현장별 8일 미만으로 근로가 이루어졌는지 확인한다. 이 과정에서 많은 사업장이 관리착오로 인해 보험료를 추징당하게 된다. 따라서 건설 현장은 반드시 현장별 성립신고를 한 이후에 근로일수를 관리하는 것이 필요하다.

현장 별 적용신고 시

① 도급 계약서상 사후정산 부분 포함된 공사일 경우

② 현장별 적용 신고를 원칙으로 함. 단, 공사 기간 종료 이후에는 적용신고 안됨.

현장별 적용 신고를 안 했을 시

일용근로자로 세무서, 공단에 신고했더라도, 1개월 이상 근무시 추징 대상이다.

 ## 지도점검 결과 보험료 부과 환수 유형

① 현장 단위별 1월 8일 이상 근로자 적용(현장별 가입했을 경우 제외)

② 1월 8일 이하 일용근로자라 하더라도 매월 연속적으로 근로할 경우 적용

③ 1월 8일 이상 일용근로자를 8일 미만 현장 분리해 신고했어도 추징

지도점검 결과 조치 및 대응 방향

신고 누락 및 착오자 정정시 3년분 보험료를 소급해 추징한다.

① 각 지사별 담당자 점검 기준방향 파악

② 근로소득지급명세서 개인별 근로일수 파악 및 변경

노무비명세서, 근로내역 신고자료 일치해 작성

→ 관련 증빙자료 준비지급명세서, 노무비명세서, 근로내역 신고자료 등)

→ 담당자의 업무 과부하 및 현장 불일치 신고에 따른 부담 가중

③ 1월 8일 미만으로 노무비 명세서 작성(현장별 가입했을 경우)

→ 전체 근로자의 일관된 근로일수로 공단 담당자의 자료 불인정 사례 증가

→ 일당 상승으로 인한 근로소득세, 지방소득세 부담

→ 소득 축소·탈루 적발시 세무조사 받을 수 있음

④ 전체 자료에 대한 수정 작업

18

건강보험료 환급 및 추가납부 회계처리

 연말정산 환급금 발생 시 회계처리

》 건강보험료 연말정산 환급금 발생

건강보험료 연말정산 결과 과오납 금액 180만 원이 발생했다.

미수금	1,800,000 / 미지급금	900,000
	잡이익	900,000

㈜ 미수금 : 건강보험료 환급금 미수금액

㈜ 미지급금 : 건강보험료 환급금 미수금액 중 종업원부담금

㈜ 잡이익 : 건강보험료 회사부담금은 전년도 회계처리시 복리후생비로 처리한바 과오
납 금액은 전년도 복리후생비에서 차감하여야 하나 건강보험료 회사부담금의 손금
귀속시기는 그 고지일이 속하는 사업연도이므로 잡이익으로 처리함(서이46012 -
1116, 2002.5.20.).

》 4월분 보험료와 상계

4월분 보험료 120만 원을 건강보험료 환급금액과 상계처리했다.

미지급금	600,000 / 미수금	1,200,000
복리후생비	600,000	

☷ 미지급금 : 4월분 보험료 중 직원부담금을 급여징수 시 징수해야 하나 전년도에 납부한 금액이 과다 납부되어 당해연도 4월분과 상계처리한 금액으로 직원 개인별 건강보험료 원천징수부에는 징수하여 납부한 것으로 처리하고, 미지급금과 상계처리한다.

☷ 복리후생비 : 4월분 보험료 중 회사부담금으로 회사자금으로 납부해야 하나 전년도에 납부한 금액이 과다 납부되어 건강보험공단으로부터 받을 미수금과 상계한다.

≫ 건강보험료 환급금 입금

1개월분을 초과하는 금액 60만 원이 건강보험공단으로부터 보통예금 통장에 입금되었다.

환급금액 : 과오납 금액 1,800,000원, 4월분 충당금액 1,200,000원

보통예금	600,000 / 미수금	600,000

≫ 건강보험료 환급금 중 직원부담분 환급

건강보험료 환급금 중 직원분 과오납금 30만 원을 보통예금에서 인출하여 해당 직원에게 환급해 주었다.

미지급금	300,000 / 보통예금	300,000

연말정산 추가납부 시 회계처리

≫ 연말정산 건강보험료 추가납부(급여일이 다음 달 10일 이후)

건강보험 연말정산 결과 추가 납부해야 할 건강보험료 100만 원이 발생하여 4월분 건강보험료 납부시 4월분 보험료 80만 원과 같이 보통예금에서 인출하여 납부했다.

○ 4월분 보험료 중 종업원부담금 징수금액 40만원

○ 추가 납부금액 중 종업원부담금 대신 지급금 50만원

예수금	400,000 / 보통예금	1,800,000
가지급금	500,000	
복리후생비	900,000	

🔁 예수금 : 종업원부담금을 미리 징수한 금액이 있는 경우에는 예수금을 반제한 것으로 처리하나 건강보험료를 회사가 먼저 대신 지급하고 나중에 급여지급시 징수하는 경우는 '가지급금' 으로 처리한다.

🔁 가지급금 : 건강보험료 추가 고지분 중 종업원부담금을 회사가 일시 대납한 금액

🔁 복리후생비 : 추가고지분 및 4월분 건강보험료 중 회사부담금(건강보험료 사용자부담금의 손금 귀속시기는 그 고지일이 속하는 사업연도임(서이 46012-1116, 2002.5.20.).

≫ 종업원 부담분 건강보험료 등 징수

4월분 급여 1,800만 원을 5월 25일 지급하다. 급여지급시 건강보험료 추가 고지분 중 회사가 대납한 금액 50만 원 및 근로소득세, 지방소득세 44만 원, 당월분 건강보험료 종업원부담금 40만 원, 국민연금 종업원부담금 80만 원, 고용보험 종업원부담금 7만 원을 차감한 잔액 15,790,000원을 보통예금에서 인출하여 지급하다.

급여	18,000,000 / 예수금(근로소득세)	440,000
	가지급금	500,000
	예수금(건강보험)	400,000
	예수금(국민연금)	800,000
	예수금(고용보험)	70,000
	보통예금	15,790,000

🔁 가지급금 : 건강보험료 추가 고지분 중 종업원부담금을 회사가 일시 대납한 금액을 회수한 것

퇴직자 환급금 발생 시 회계처리

>> 퇴직자 건강보험료 환급금 발생

퇴직자에 대한 건강보험 정산결과 과오납 금액 20만 원이 발생하다.

미수금	200,000 / 미지급금		100,000
		복리후생비	100,000

☑ 미수금 : 건강보험료 과오납 금액으로 건강보험공단으로부터 돌려받아야 할 금액
☑ 미지급금 : 건강보험료 환급금 중 종업원부담금은 종업원에게 돌려주어야 하는 채무로 미지급금으로 처리한다.
☑ 복리후생비 : 퇴직자 건강보험료 회사부담금은 당초 회계처리시 복리후생비로 처리하였으므로 과다납부한 금액 중 회사부담금은 당해 연도 복리후생비에서 차감한다.

>> 퇴직자 건강보험료 환급금 지급

건강보험료 환급금 발생금액 중 직원(퇴직자) 부담분 10만 원을 보통예금에서 인출하여 지급하다.

미지급금	100,000 / 보통예금		100,000

☑ 미지급금 : 건강보험공단을 대신하여 회사가 지급한 금액

>> 납부할 보험료와 상계처리 및 납부

8월분 보험료 60만 원 중 20만 원은 퇴직자 과오납 금액과 상계처리하고 잔액 40만 원을 현금납부 했다.

예수금	300,000 / 미수금		200,000
복리후생비	300,000	현금	400,000

퇴직자 추가납부 시 회계처리

≫ 퇴직자 건강보험료 추가납부

퇴직자에 대한 건강보험 정산결과 추가 납부해야 할 건강보험료 10
만 원이 발생하여 보통예금에서 인출해서 납부하다. 단, 종업원부담
금은 일시대납한 다음 퇴직금 지급시 징수하기로 하다.

가지급금	50,000 / 보통예금		100,000
복리후생비	50,000		

주 가지급금 : 건강보험료 중 퇴사자가 납부해야 할 금액을 회사가 일시 대납한 금액
주 복리후생비 : 퇴직자 건강보험료 중 회사부담금

≫ 퇴직자 건강보험료 징수

퇴사자에 대한 퇴직금 800만 원 지급시 건강보험료 추가 고지분 중
퇴사자가 부담해야 할 금액 5만 원(회사 대납금액) 및 퇴직소득세,
동 지방소득세 45만 원을 차감한 잔액 750만 원을 보통예금에서 인
출하여 지급하다. 단, 퇴직급여충당금 설정 잔액은 없다.

퇴직급여	8,000,000 / 예수금(근로소득세)		450,000
	가지급금		50,000
	보통예금		7,500,000

주 가지급금 : 건강보험료 중 퇴사자가 납부해야 할 금액을 회사가 일시 대납한 금액
을 퇴직금 지급시 회수한 금액임

퇴사 후 김갑수 직원에게 추가 부과된 5만 원의 건강보험료를 연말
에 못 받은 걸로 정리하였다.

복리후생비	(-)50,000 /		
미수금	50,000		

중소기업 창업 인사노무와 4대 보험

지은이 : 손원준

펴낸이 : 김희경

펴낸곳 : 지식만들기

인쇄 : 해외정판 (02)2267~0363

신고번호 : 제251002003000015호

제1판 1쇄 인쇄 2022년 07월 04일

제1판 1쇄 발행 2022년 07월 18일

값 : 15,000원

ISBN 979-11-90819-21-3 13320

본도서 구입 독자분들께는 비즈니스 포털

이지경리(www.ezkyungli.com)

1개월 이용권(1만원 상당)을 무료로 드립니다.

구입 후 구입영수증을 팩스 02-6442-0760으로 넣어주세요.

K.G.B

지식만들기

이론과 실무가 만나 새로운 지식을 창조하는 곳

서울 성동구 금호동 3가 839 Tel : 02)2234~0760 (대표) Fax : 02)2234~0805